Lotte Ingrisch

Die Erde

W0179022

Lotte Ingrisch

Die Erde

*unterirdisch – überirdisch –
außerirdisch*

nymphenburger

GOTTFRIED VON EINEM

und der ERDE gewidmet

Universitätsprofessor Dr. Fritz Steininger,
Geologe und Paläontologe, hat mich korrigiert,
belehrt und angeregt.
Danke, lieber Fritz!

© 2010 nymphenburger in der
F. A. Herbig Verlagsbuchhandlung GmbH, München
Alle Rechte vorbehalten
Schutzumschlaggestaltung: Wolfgang Heinzel
Schutzumschlagmotiv: Beate Brömse, München
Satz: Ina Hesse
Gesetzt aus 11,75/16 pt. Sabon
Druck und Binden: GGP Media GmbH, Pößneck
Printed in Germany
ISBN 978-3-485-01320-8

www.nymphenburger-verlag.de

LIEBE DAME, LIEBER HERR

Schluss mit der Trennung in Autor und Leser! Beide, Sender und Empfänger, sind eine untrennbare Einheit. Sie und ich? Veränderliche Positionen in einem gemeinsamen Bewusstsein, das keine Wände hat. Dies ist *unser* Buch. Schreiben Sie es weiter, verändern Sie es! Als freier Amateur, Liebhaberin, neugierige Forschungsreisende in der sichtbaren und unsichtbaren Welt. Dazu müssen Sie kein Professor sein. Die Privatgelehrten waren das Salz der Wissenschaften und sollten es wieder sein!
Sie sind Columbus, Sie sind Columba. Wagen Sie sich mutig auf das Meer der Wirklichkeiten, und es gibt mehr als nur eine. Die Fantasie sei Ihr Segel, die Freude Ihr Kompass. Entdecken Sie fremde Kontinente, benützen Sie dieses Buch als Land- und Seekarte. Kann sein, dass es nicht immer stimmt. Dann verbessern Sie es!

Darum bittet Sie   Ihre *Lotte Ingrisch*

INHALT

SECHS WAHRSCHEINLICHE THESEN

I

Die Erde ist, wie die Großen aller Zeiten erkannt haben, ein bewusstes, fühlendes und persönliches Wesen.

II

Die Alten hielten die Erde und die anderen Planeten für Götter. Als Gaia-Prinzip kehrt die Göttin in unsere wissenschaftliche Gegenwart zurück.

III

Die Erde existiert, wie auch wir selbst, in verschiedenen Zuständen. Im materiellen oder Teilchenzustand erfahren wir sie als natürliche, im immateriellen oder Quantenzustand als magische Welt.

IV

Im Quantenzustand untersteht die Erde anderen als den bekannten Naturgesetzen.

V

Der natürliche diesseitige Zustand der Erde entspricht dem
Leib, der übernatürliche jenseitige Zustand der Seele.

VI

Die diesseitigen und jenseitigen Zustände, allgemein Leib
und Seele genannt, existieren auf verschiedenen Frequenzen synchron.

DIE GAIA

Unser Freund Arnold Keyserling hat sie immer für die Mutter gehalten. Bis die Erde ihm eines Nachts im Traum erschien. »Ich bin auch eine Geliebte!«, erklärte sie ärgerlich, »und jetzt will ich ein Heiligtum haben!«

Arnold Keyserling, der gräfliche Religionsphilosoph, gab gehorsam ein Inserat in die Kronenzeitung: »Platz für Erdheiligtum gesucht!« Er erhielt als einziges Angebot eine illegale Mülldeponie in Hintersdorf. Seine Frau Willi, eine Prinzessin Auersperg, karrte den Müll mit 25 Lastwagenfuhren persönlich weg, und seither wird dort getanzt, prophezeit und die Erde an Leib und Seele gefeiert.

Als »Vielgeliebte« widmete ihr auch ein anderer Freund, nämlich der Politiker und Literat Jörg Mauthe, ein Buch gleichen Titels. Leider stirbt die Erde darin, denn Mauthe befürchtete nicht ohne Grund einen Weltuntergang. Das geistreiche, bei aller Traurigkeit sehr lustige Buch ist ein Abgesang an ihrem Totenbett. Ich komme auch darin vor, allerdings nur als alte Säuferin.

Mein Mann Gottfried von Einem hat ihr einen ganzen Liederzyklus komponiert, und dies ist das erste Lied:

> Frau Erde schläft, Frau Erde träumt,
> Der Mond küsst ihr grünes Haar.

13

Sein Pferd, das blau und unsichtbar,
Hat für sie er mit Flügeln gezäumt.

Frau Erde reitet auf dem Wind,
Der Mond singt das Lied der Nacht.
Frau Erde weint, Frau Erde lacht,
Und sie schenkt ihm ein elbisches Kind.

Ein Kind aus Wald, Granit und Schnee,
Aus Nebel und rotem Mohn.
Ein Kind mit Schweif und Silberkron,
Seine Ammen sind Hexe und Fee.

Dieses Kind war das Waldviertel, Rindlberg, Sankt Kringel. Die Königin aller Störzonen, das niederösterreichische Tibet, wo mein Mann und ich im alten Holzfällerhaus auf einer einsamen Waldwiese fünfundzwanzig Jahre lang mit vielen Tieren und noch mehr Gespenstern gelebt haben. Es war unser Paradies.

Mit Chaos und Eros, die beiden gehören ganz offensichtlich zusammen, ist die Gaia eines der Urprinzipien des Kosmos. Vom Himmelsgott Uranos befruchtet, gebärt sie die Titanen und Zyklopen. Die Zyklopen verbannt Uranos in die Unterwelt, was Gaia dermaßen empört, dass sie ihren jüngsten Sohn vehement gegen ihn aufhetzt. Kronos stürzt seinen Vater vom Thron und entmannt ihn mit einer Sichel. Aus seinen ins Meer gefallenen Blutstropfen ging Aphrodite hervor.

Das ist die griechische Version. Bei den Römern ist sie die

Tellus oder Terra mater und bei den Germanen die Göttin Nerthus, die in einem von Kühen gezogenen Wagen durch das Land fährt. In Norwegen und Schweden scheint sie sich in einen Mann namens Njörd verwandelt zu haben, einen Meer- und Fruchtbarkeitsgott. Und bei den Kelten? Ihre Geschichte ist besonders schön, ich erzähle sie später. Denn zuerst möchte ich Ihnen zeigen, wie man der Göttin begegnet und wie man die Göttin berührt.

SPRÜNGE IM RAUM, RISSE IN DER ZEIT

Haben Sie einen Geliebten? Eine Geliebte? Dann wissen Sie, dass der Leib unterschiedliche Zonen hat, an deren Zauber Sie sich erfreuen. Die alten Griechen nannten die Erde Gaia und hielten sie für eine Göttin. Dann brach ein finsteres Zeitalter über uns herein, und wir hielten die Erde für eine Magd oder gar eine tote Maschine. Erst jetzt erkennen einige Wissenschaftler sie wieder als lebendigen Planeten, einen beseelten Organismus, und sprechen vom Gaia-Prinzip.

Wenn wir von Ausbeutern wieder zu Liebhabern der Erde werden, erfahren wir von Neuem ihren vielfältigen Zauber in Raum und Zeit. Denn in beiden ist sie nicht überall gleich beschaffen, sondern ihr raumzeitlicher Leib hat seine Regionen des Blühens und der Wüste, der Zartheit, des Friedens und der Gewalt.

Die verschiedenen Qualitäten des Raums und der Zeit bestimmen, wie wir der Welt erscheinen und wie die Welt uns erscheint. Geomantie, wörtlich Gespür für die Erde, ist die Kunst der räumlichen, und Astrologie, wörtlich Sternlehre, die Kunst der zeitlichen Weissagung. Sie können Geomantie und Astrologie als irdische und himmlische Wünschelrute betrachten und mit beiden Ruten Ihre Abenteuer in Raum und Zeit bestehen. Sie werden sich dann nicht mehr darüber wundern, dass es Zeiten und Gegenden gibt, in denen Genies wie Pilze aus der Erde wachsen. Zeiten und Gegenden, die immer wieder vom Krieg heimgesucht werden. Oder solche, die unauffällig bleiben, in denen nie etwas Besonderes geschieht.

Im Raum wie der Zeit gibt es Zonen der Kraft, die uns wie ein Sturm aus unserer Alltäglichkeit reißen. Gekreuzte Wasseradern können Tore in andere Welten sein, und in der Vergangenheit hat man alle großen Kultstätten auf ihnen errichtet. Sprünge im Raum und Risse in der Zeit sind Bühnen des Spuktheaters, das wir Bewusstsein nennen. Auf ihnen können wir mehr als eine Wirklichkeit erfahren, wenn wir nur mutig und neugierig sind. Unsere physische und psychische Identität allerdings wird dabei verändert, was wir als Krankheit erfahren können, besonders, wenn wir uns gegen die Veränderung wehren.

Ihr Bett kann ein Schiff auf hoher See sein, mit dem Sie zwar neue Kontinente entdecken, aber auch untergehen können. Oder schlafen Sie lieber in einem unruhigen Nest? Sie haben die Wahl! Nehmen Sie eine Wünschelrute zur Hand und verrücken einfach Ihr Bett ...

DIE ALTE KUNST DER GEOMANTIE

Es gibt die praktische und es gibt die mystische Geomantie. Von der mystischen Geomantie zeugen noch immer alte Kultstätten und Kirchen, heilige Brunnen und Bildnisse sowie die Städteplanung früher Zeiten, in denen man das Gespür für die verschiedenen Qualitäten der Erde noch nicht verloren hatte. Damals war es selbstverständlich, sein Haus in Harmonie mit der sichtbaren und unsichtbaren Welt zu bauen. Weltweit gab es archetypische Muster, kosmische Kraftpunkte, auf denen man sein Bewusstsein weit über die eigene historische Person ausdehnen konnte. Orte, wo man in andere Zustände seiner selbst geriet, Visionen hatte und in Trance Prophezeiungen machte.

Die Erde war eine universelle Gottheit. Ihr beseelter, durchgeistigter Leib offenbarte sich in Flüssen, Quellen, Felsen und Hainen. Unsere Vorfahren verehrten dort die Geister der Erde, Fruchtbarkeitsgeister und Feen. Jede Landschaft war lebendig, pulsierte. Unterirdische Quellen mit ihren gewaltigen Energien zogen die Menschen besonders an. Über ihnen hat man gezeugt und empfangen, geweissagt und geheilt. Jeder Baum war eine Himmel und Erde verbindende lebendige Wesenheit mit einem eigenen Geist. Man rief ihn bei religiösen und weltlichen Versammlungen an und übte Gerichtsbarkeit unter ihm aus. Die Linde war so ein Gerichtsbaum und diente dann gleich als Galgen. Man suchte Kultsteine auf, um Erleuchtung zu erlangen. Später hat man über heidnischen Heiligtümern christliche Kirchen errichtet und die Steine einfach gesprengt.

Es gab Geisterpfade, Feenwege, Königsstraßen – die natürliche Geometrie spiegelte sich in der sakralen Kunst wider, den Algen, Eiskristallen und Sternen. Der Mikrokosmos war im Makrokosmos, der Makrokosmos im Mikrokosmos enthalten. Wie das Ganze im Fraktal, Benoît Mandelbrots Entdeckung.

Bei vielen Arten besteht eine enge Beziehung zwischen der Landschaft und ihren Tieren. Oft auch beim Menschen, und es fragt sich, ob man überhaupt eins vom anderen trennen kann. Vielleicht sind wir nur frei bewegliche Teile von Wald, Feld und Gebirge? Dass wir zwischen uns selbst und der Umgebung unterscheiden, könnte ein Irrtum sein.

Wir haben vergessen, die Welt als Kontinuum zu begreifen, in dem alle Ereignisse – natürlich oder übernatürlich, bewusst oder unbewusst – miteinander verknüpft sind. Zwar steigt im Weltbild der Quantenphysik das Vergessene wieder auf. Nur dass die falsche Ausrichtung eines Hauses schlimme Folgen hat, wissen wir leider nicht mehr. Am besten schaut ein Haus der Sonne beim Aufgehen zu und das Grab ihrem Untergang. Die Toten müssen nämlich auch in den Kosmos integriert werden und können nicht irgendwo liegen. Ich selbst allerdings liege, tot wie lebendig, am liebsten zum Norden.

Die von Rutengängern erspürten Erdströmungen ändern

sich mit den Mondphasen und werden von Mondfinsternissen beeinflusst. Es gibt auch wandernde Störzonen. Ruhelos wie böse Geister schleichen sie durch Häuser und Wohnungen. Sie tauchen ganz plötzlich auf, und ebenso plötzlich verschwinden sie wieder. Einmal bin ich mitten in der Nacht aufgestanden und auf der Flucht vor einer wandernden Störzone, die mich peinigte, zwei Stunden lang durch Wien gelaufen. Als ich erschöpft wieder nach Haus kam, schaute mein Mann mich merkwürdig an. »Hier ist keine, und hier war keine«, sagte er. »Ich glaube, die Störzone bist du selbst.« Vielleicht hatte er recht.

MYTHOLOGIE DES RAUMS

Berge waren den heidnischen Religionen heilig. In Nordeuropa sind sie oft noch Sankt Michael geweiht, der früher eine Sonnengottheit war. Dort, wo sie mit dem Himmel verschmelzen, durchbohrt sein Schwert den mächtigen Energiestrom der Erde, den man Drachen nannte – und ein Kraftort ist da. Der Name stammt von der Frankfurter Architektin Blanche Merz, die mit den Geheimnissen des Raums vertraut war wie kaum jemand sonst.

Ich weiß nicht, ob sie noch lebt und ob es ihre Bücher (»Orte der Kraft«, »Die Seele des Ortes«) noch gibt. Als sie fünfundsiebzig war, besuchte sie uns in der Hofburg, flirtete graziös mit meinem Mann und verreiste am nächsten Morgen mutterseelenallein auf der Suche nach Dschinns. Ich möchte meine Leser, meine Leserinnen zwar nicht direkt in die Wüste schicken – aber darf ich die zierliche Abenteurerin Blanche als Vorbild empfehlen? Es gibt nicht nur Dschinns, es gibt noch so viel anderes zu suchen, zu finden, zu erkunden.

Zurück zu Michael und seinem Schwert! Die bisher freien Drachenenergien wurden gebunden und dem Sonnengott ein Tempel erbaut. Damit war die Erde nicht länger das führende Heiligtum. Wie man sieht, tobt der Geschlechterkampf auch unter Göttern.

21

Unsere Vorfahren kannten die verschiedenen Zustände des Seins und zogen Grenzen zwischen ihnen mit ritueller Magie. Die Muster der unter und über der Erde wirkenden Kräfte, Spiralen der Wasser- und Luftadern, übertrug man in Rasen- oder Pflasterlabyrinthe. Denn diese Energiewirbel galten als Brücken zwischen physischer und astraler Welt, und nur Eingeweihte und Initianden durften über sie gehen.

Wir haben die mythologischen Linien, die magischen Bilder verloren. Einst gab es eine mystische Mathematik, eine heilige Geometrie, und bis vor etwa zwanzig Jahren war der Lehrstuhl an der Linzer Universität noch mit einem entsprechenden Mathematiker besetzt. Obwohl ich nichts von Mathematik verstehe, verstanden wir einander sofort, und zu Weihnachten schickte er mir ein großes Paket Schokoladelebkuchen. Sogar an der amerikanischen Brown-Universität lehrt noch, wenngleich Emeritus, ein Pythagoräer. Er heißt Phil Davis, besucht mich alle Jahre und hat ein bezauberndes Buch über Pembrokes Katze geschrieben. Ich gebe also die Hoffnung nicht auf, dass wir das Verlorene, dass wir uns selbst im Verlorenen wiederfinden. Wird die Welt als Warenhaus nicht mit der Zeit ein wenig öde?

Bevor sie eins wurde, war die Welt voller Wunder und Geheimnisse. Im Kreis erkannten wir die himmlische Ebene des Geistes, im Quadrat die feste Ebene der Materie. Ein Haus, das Kreis und Quadrat vereinigt, verschmilzt beide Ebenen und stellt den ursprünglichen Zustand des Universums wieder her. Die Quadratur des Kreises ist ein Archetyp der Ganzheit. Sollen wir unsere Häuser und Wohnungen so gestalten? Der Versuch wäre gewiss spannend.

Ein Dreieck mit der Spitze nach oben ist das männliche Prinzip, aktiv und Feuer – mit der Spitze nach unten das weibliche, passiv und Wasser. Zusammengefügt, bilden beide Dreiecke den Sechs- oder Davidstern, die chymische Hochzeit der Gegensätze. Das Kreuz, und es ist viel älter als das christliche Symbol, stellt den Makrokosmos dar. Vom Omphalos zu den Kardinalpunkten führen vier Straßen – Norden, Süden, Osten, Westen.

War es nicht schön, im Mikrokosmos von Haus und Stadt den Makrokosmos zu erkennen? Denn es gab auch eine mystische Architektur, wie wir in der Offenbarung des Johannes lesen können: »Und die Stadt liegt viereckig, und ihre Länge ist so groß wie ihre Breite. Und er maß die Stadt mit dem Rohr auf 12 000 Feld Weges. Die Länge und die Breite und die Höhe der Stadt sind gleich.«

Wir haben auch die Bedeutung der Proportionen vergessen. Falsche, zufällige Proportionen haben keinen Omphalos mehr, kein Zentrum. Nun ja, wir haben dafür Einkaufszentren. Wenn das genügt ...

Sollen wir zurück in die magische Vergangenheit gehen? Nicht zurück! Zeit ist keine Linie, wie alte Mystik und neue Physik wissen. Zukunft und Vergangenheit können überall in der Gegenwart aufflackern. Und es scheint nur diese Gegenwart zu geben, in der unser Bewusstsein auf Reisen geht. Zukunft ist, wie Vergangenheit, immer und überall. Und wir können beide verändern.

Die Vergangenheit auch? Selbstverständlich, da sie, wie die

Zukunft, ein Teil der Gegenwart ist. Erfinden Sie eine neue Mythologie des Raums! Sowieso hat der Mikrokosmos sich längst im Nanobereich verloren, wo es noch keinen Unterschied zwischen Energie und Materie gibt. Und der Makrokosmos entfernt sich nach allen Richtungen und mit rasender Geschwindigkeit von uns. Wirklich?

Es gibt keine Antwort auf diese Frage. Wir haben Modelle der Wirklichkeit, die wir an den Universitäten wütend gegen andere Modelle verteidigen. Die Wirklichkeit selbst kennen wir nicht.

Es besteht also kein Grund, zwischen alter und neuer Mythologie zu wählen. Sie können ganz andere erschaffen, tun Sie es! Sie werden nicht weniger wirklich als die bisherigen sein, und ebenso richtig wie falsch. Wie sagt die Quantenphysik? Es gibt kein Entweder-Oder. Es ist alles sowohl als auch.

Damit ist Aristoteles endlich aus unserem Kopf, er hat sowieso nur gestört. A ist nicht A oder non A.

$$A = B$$

Eine neue Logik, in die wir erst hineinwachsen müssen. Aber sie wird uns, ich verspreche es Ihnen, viel Freude bereiten.

ORTE DER KRAFT

Michael und der Drache haben viele Namen, wie Globalnetz oder Currygitter, die ich Ihnen alle erspare. Viel wichtiger ist, dass sie in den kosmischen und außergalaktischen Strahlungen, denen die Erde ausgesetzt ist, erscheinen. Sie saugt nicht nur Licht- und Infrarotstrahlen auf, sondern verschlingt auch Mikrowellen und Sternenstaub jenseits der Milchstraße. Als lebendige Teile der lebendigen Erde, Zellen im terrestrischen Körper, sind wir also auch Außerirdische.

Die Akupunkturpunkte der chinesischen Medizin entsprechen den Nervenzentren der Erde. Sie werden durch sakrale Gebäude gehütet und geheiligt, die selbst als Mikrokosmos der kosmischen Ordnung angelegt wurden. Denn, wie Wilhelm Reich sagt: »Alles existiert für sich selbst, und doch ist alles Teil von etwas anderem.« Dieses andere war der das ganze Universum umfassende Leib Gottes.

Kraftorte können positiv oder negativ sein. Schlafen Sie auf einem, und Sie werden den Unterschied merken. Die menschliche Abwehrkraft ist um ein Dreiviertel schwächer im Schlaf. Sie können Energien verlieren, müde, lustlos und überhaupt krank werden. Im ersten Jahr auf so einer Störzone habe ich ein Dutzend Matratzen gekauft, Gummi, Seegras oder Stroh. Denn ich glaubte, sie wären an meinen

Nachtschmerzen schuld. Damals wusste ich noch nichts von unterirdischen Teichen und Wasseradern, gekreuzt oder nicht. Zuerst wurde mein Immunsystem katastrophal geschwächt, und dann – wurde ich übersinnlich. Ende gut, alles gut.

An Orten sehr hoher Vibration gerät der physische Körper manchmal in einen anderen, einen metaphysischen Zustand. Ich habe ihn mehr als hundert Male erfahren und als reine Seligkeit empfunden. Wallfahrtskirchen stehen über unterirdischem Wasser, das die Schwingung des Ortes oft drastisch verändert. Wasserschlangen unter der Erde sind über ihr heilige Wege. Nur wohnen oder gar schlafen sollte man nicht auf ihnen. In den Kirchen dort kann Seltsames geschehen. Der physische Körper ermüdet, und etwas anderes wacht in uns auf.

Noch unterscheiden wir zwischen dem Wasser des Lebens und dem Wasser des Todes. Steigen wir auf der spirituellen Leiter, unterscheiden wir nicht mehr.

ABENTEUER WÜNSCHELRUTE

Bei mir funktionierte sie erst, nachdem ich lang genug auf einer starken Störzone geschlafen hatte. Eigentlich nicht sie, ich funktionierte. Denn ich habe nicht nur andere beim Ruten beobachtet, sondern vor allem mich selbst. Es waren meine eigenen, ganz minimalen Zuckungen in den Händen, die sie ausschlagen ließen.

Zunächst habe ich sie mit der rechten Hirnhemisphäre in Verbindung gebracht. Das ist die inspirierte, intuitive. Später las ich von der Entdeckung eines sekundären Gehirns in unseren Nervenenden. Es muss aber wohl primär gewesen sein, ein früher Vorläufer der drei Gehirne in unserem Kopf: Drachenhirn, Pferdehirn, Neocortex. Es könnte das Nervenhirn sein, das die Stimmen des Raums versteht, die strahlende Sprache des Kosmos.

Im Gespräch mit uns hat es nur ein kleines Vokabular. Es kann Ja und Nein sagen. Wir müssen ihm also unsere Fragen präzis stellen und abklären, was das eine und andere bedeutet. Schlägt es nach oben aus oder nach unten? Und bei der Einhandrute oder dem Pendel: Drehung im Uhrzeigersinn? Drehung gegen den Uhrzeigersinn? Wenigstens bei den Drehungen vermute ich einen Zusammenhang mit Rechts- oder Linkshändigkeit. Stellen wir keine Fragen, kommt es auch zu keiner Reaktion.

Das Material von Rute oder Pendel ist zweitrangig, ich brauche inzwischen weder das eine noch das andere. Der kleine Finger genügt. Wichtig ist nur die völlige Erwartungslosigkeit. Hoffnungen und Ängste verfälschen das Resultat. Machen Sie sich also leer wie ein weißes Blatt Papier. Vielleicht trinken Sie ein Glas Wasser vorher? Das steigert, versichert das Max-Planck-Institut, die Empfindlichkeit der radiästhetischen Wahrnehmung.

Nicht nur Moses! Alle alten Kulturen – Perser, Ägypter, Chinesen, Indianer, Araber, Griechen, Kelten, Römer – kannten die geheimnisvollen Strahlungen ihrer Lebenswelt. Überall mieden sie feuchten Untergrund, beobachteten das Verhalten von Tieren und richteten ihre Häuser nach den Himmelsrichtungen aus. Die meisten Kultstätten stehen über unterirdischen Wasserkreuzungen oder Mäanderschleifen, das sind sich immer wieder krümmende Wasserläufe. Die Strahlung auf Kultstätten ist rechtsdrehend.

Rechtsdrehende Strahlung ist bei kurzer Einwirkung positiv, anregend, euphorisierend. Linksdrehende hingegen negativ und pathogen. Wasser dreht die Polarisationsebene des Lichts nach links oder rechts. Sprechen wir darum vom Wasser des Lebens, vom Wasser des Todes? Eingänge in Kultstätten oder Tore alter Kirchen sind zur einen Hälfte rechts- und zur anderen linksdrehend, sodass es einen beinahe zerreißt. Dass dies Absicht ist, vermuten Sie ganz zu Recht.

Dreht das Pendel nach links, zeigt er rechtsdrehendes – dreht es nach rechts, linksdrehendes Wasser an. Bei mir ist es verkehrt, also klären Sie das vorher ab. Dann lassen Sie es ruhig in der einen Hand hängen und strecken die andere als Antenne vor. Beim Rechtshänder die linke, beim Linkshänder die rechte. Sollte Ihr Pendel sich partout nicht rühren, können Sie es seitlich zum Schwingen bringen. Oder schlafen Sie längere Zeit auf einer Störzone, dann schwingt es bestimmt.

Der Platz, an dem Erdstrahlen austreten, wird von Radiästheten Reiz- oder Störstelle genannt. Aber Vorsicht! Hier kommt auch Spuk durch. Auf Störzonen öffnet sich die Tür zwischen den Welten. Sie glauben weder an andere Welten noch an eine Tür zwischen ihnen? Dann haben Sie ein fabelhaftes Immunsystem, das unerwünschte Information ausfiltert wie Viren. Das kann ein Glück sein oder ein Unglück. Ich selbst kann gar nicht genug Welten kriegen, und gäbe es keine Geister – ich würde sie schrecklich vermissen.

Wenn weder Pendel noch Rute bei Ihnen funktionieren, können Sie auch mit einem portablen UKW-Radioempfänger mit Antenne durch Ihre Wohnung gehen. Stellen Sie einen weit entfernten und schwachen Sender ein, keine Musik, sondern emotionslos gesprochene Nachrichten. Sie finden die Störzonen ganz leicht durch Schwankungen im Empfang.

Oder, vielleicht netter als ein Radio, schaffen Sie sich einen Hund an. Oder eine Katze. Hunde meiden, wie normale Menschen auch, jede Störzone. Katzen sind verrückt nach ihnen. Aber Katzen sind übernatürliche Tiere. Obwohl die Grenze zwischen natürlich und übernatürlich nichts anderes ist als die Grenze unseres Wissens.

Strahlensucher sind: Katzen, Ameisen, Bienen, Insekten, Bazillen, Kirsch-, Apfel- und Birnbaum, Johannisbeerstaude, Flieder, Sonnenblume, Begonie, Pflaume, Aprikose, Pfirsich, Holunder, Mistel, Zimmerlinde, Eiche, Lärche, Tanne und Fichte.

Strahlenflüchter hingegen sind: Hunde, Pferde, Rinder, Schafe, Ziegen, Schweine, Nussbaum, Föhre und der Storch. Sitzt ein Storch auf Ihrem Dach, können Sie getrost schlafen, obwohl die Erdstrahlen nachts dreimal so stark sind wie am Tag. Aber Sie haben ja einen Storch.

Mistel, Eibe und Weißdorn wachsen immer über blinden Quellen oder einem magnetischen Zentrum. Im Volksmund gelten sie als magische Pflanzen.

Eigentlich strahlt alles, wir auch. Kann sein, dass die Art der Strahlung das Rätsel der Anziehung und Abstoßung löst, der Sympathien und Antipathien. Wer resistent gegen Strahlen ist, heiratet womöglich die falsche Person. Bevor Sie sich also das nächste Mal verlieben, testen Sie den Herrn oder die Dame rechtzeitig mit der Rute. Oder, weil das unauffälliger ist, mit dem Pendel.

Das können Sie sogar bei Ihren Möbeln machen. Besonders, wenn Sie gern, wie ich auch, alte Möbel auf Flohmärkten kaufen. Da kann es leicht passieren, dass Sie sich schlimme Energien ins Haus holen.

Überhaupt leben wir in keiner materiellen, sondern in einer Informationswelt. Nicht nur Himmel und Erde, sondern sogar die Kaffeekanne oder der Regenschirm versorgen uns, ob wir wollen oder nicht, mit ihrer Information. Dagegen gibt es nur ein einziges Mittel: Freundlichkeit.

Gegenüber allen Menschen, allen Tieren, allen Pflanzen, allen Dingen. Freundlichkeit ist wie ein sanfter Panzer aus Licht.

Einmal schrieb mir eine Unbekannte, ihre Nachbarin quäle sie bis aufs Blut, sie hielte es nicht mehr aus und würde ihre Wohnung, obwohl sie das Glück schlechthin sei, leider aufgeben. Oder wüsste ich einen Rat? Schicken Sie gnadenlos Freundlichkeit nach nebenan, empfahl ich, aber Sie müssen sie wirklich empfinden. Nach zwei Tagen zog die Nachbarin aus.

DRACHEN UND GÖTTER

Feng-Shui nennt man es dort, das heißt Wind und Wasser. Berge sind die traditionellen Wohnstätten der Unsterblichen, der Drachen und Götter, und die Quelle der Yang-Kraft. Im alten China spürte man die Drachenlinien der Energie auf und erforschte ihre Auswirkungen auf den Menschen. Chi, das ist die Energie des Lebens, fließt durch die Erde wie ein unterirdischer Strom.

Chinesische Geomanten manipulieren die Oberfläche der Erde, um das entlang verborgener Adern oder Drachenlinien fließende Chi zu verändern. Das tat ein Hochfrequenztechniker aus dem Waldviertel auch. Er besuchte uns eines Tages, schaute sich mein Bett an und sagte: »Um Himmels willen!« Dann ging er auf die Wiese vor unserem Haus und versetzte dem armen Gras mehrere Fußtritte. »Was machen Sie da?«, fragte ich entrüstet, denn für mich ist Gras ein Lebewesen wie jedes andere. »Sie schlafen auf einer doppelten Wasserader«, erklärte er ungerührt. »Jetzt nicht mehr. Ich habe sie weggetreten.« Er hatte ihren Lauf tatsächlich verändert. Ich war beeindruckt.

Mein Waldviertler tat nichts anderes als der chinesische Drachenmann. Man nennt ihn so, weil er auf den Adern des Chi reitet. Von seinem Ursprung hoch in den Bergen, der mythischen Wohnstätte der Drachen, bis zu den Häusern der Ebene, wo sie guten oder bösen Einfluss auf die dort wohnenden Menschen ausüben.

Es ist die Kunst des Drachenmanns, heilbringendes Chi einzufangen, zu sammeln und dahin zu bringen, wo es gebraucht wird. Böses Chi wiederum wendet er von den Orten, an denen es wütet, ab. Wäre das nicht ein neuer, wunderschöner Berufszweig? Drachenmann. Oder Drachenfrau, stünde dann auf den Visitenkarten. Nur, wie fängt und vertreibt man Chi? Ich weiß es auch nicht.

Man muss am richtigen Ort sein und in die richtige Richtung schauen, während man das Richtige tut. In China. Und sonst überall auch. Es kommt darauf an, im Einklang mit dem Universum zu sein. Die Oberfläche der Erde und die Tiefe der Seele, sagen die Chinesen, entsprechen und beeinflussen einander.

Sie sagen auch, dass die Landschaft nur so wimmelt von Lebewesen, und davon bin nicht nur ich überzeugt. Dämonen, Schutzgeister, Geister der Berge, der Weiher, der Quellen, der Bäume, der Felsen und so fort. Das gesamte Universum ist ein lebendiger Organismus, mit dem man in Harmonie leben muss.

Ich werde Sie später mit zweien meiner Heiligen drei Könige bekannt machen, die – wenn auch viel zu früh – mit Geschenken zur Geburt eines neuen Zeitalters geeilt sind. Sie heißen Theophrastus Bombastus Paracelsus und Giordano Bruno. Ich liebe sie sehr.

Kein Teil der Erde ist tot. Zwar sind einige Teile unfruchtbar und andere stagnieren, wenn vielleicht auch nur aus unserer Sicht. Flache Gegenden sind alt und müde. Aber ganz tot ist gar nichts. Allerdings muss ein ordentliches Drachennest an einem guten, starken Chi-Strom liegen. Es muss nicht unbedingt eine Hauptader sein. Falls Sie gerade ein Haus bauen – ideal wäre ein Standort, der im Norden von Hügeln oder Bäumen vor den starken Winden geschützt ist, die das Chi verwehen. Flüsse oder Bäche sollten gemächlich hindurchziehen, weil Wasser das Chi bindet und Sie dann genug davon haben. Der Blick nach Süden sollte offen sein, ideal ist eine Hufeisenform. Also windig darf es nicht sein, sonst wird das Chi zerstreut, und auch nicht völlig eingeschlossen. Die Luft muss zirkulieren und das Wasser fließen, dann geht es Ihnen gut.

Noch einmal die Grundregeln: Egal ob Haus oder Zimmer – es muss auf schrägem, gut entwässerten Land stehen und ein wenig verborgen sein. Es gibt männliche und weibliche Landschaften, haben Sie das gewusst? Starke Erhebungen sind männlich und Yang, sanfter und welliger Boden ist weiblich und Yin. In einer männlichen Landschaft sollte die Umgebung Ihres Hauses weibliche Charakteristika aufweisen und in einer weiblichen Landschaft männliche. Das Nonplusultra ist der Übergang von Yin und Yang. Unsere Immobilienmakler haben noch eine Menge zu lernen! Wir auch.

Sha ist das Gegenteil von Chi, die Antithese. Giftige Dämpfe, giftiger Wind. Wellenlinien in der Landschaft befördern das Chi. Gerade Linien, scharfe Biegungen oder ein schneller Strom sind Anzeichen von Sha. Gerade Linien sind schlecht, Kurven gut. War es Loos oder eher Le Corbusier, der jede gerade Linie zur Sünde erklärt hat? Wer auch

34

immer, recht hat er! Bei Bergkämmen, Hügelketten, Bächen, Flüssen und Kanälen bringt die gerade Linie Unheil. Nur umständliche, kurvenreiche Linien sind positiv. Autobahnen sind demnach pure Katastrophen. Wasser ist ein vorzüglicher Leiter von Chi, wenn es – statt schnell und gerade – langsam und gewunden fließt. Leider haben so gut wie alle Länder die Todsünde begangen, ihre Wässer zu begradigen. Einige haben bereits begonnen, die natürlichen Zustände wiederherzustellen.

Überraschenderweise lassen frei stehende Steine ganze Orte unheilvoll werden. Steht einer dort, wo Sie gerade leben, sollten Sie ihn unter Bäumen, Sträuchern oder Moos verstecken. Ideal wäre die Eibe.

Nach den Weisen Chinas sind weder Himmel noch Erde vollständig. Erst der Mensch muss sie zur Vollendung bringen. Merken Sie sich das, bis wir zu Paracelsus kommen?

WIE SCHAUT DIE ERDE IN
WIRKLICHKEIT AUS?

Um das Jahr 1920 herum hatte der Dichter und Seher A. E. = George Russell einen Moment plötzlicher Erleuchtung. Er streifte gerade, wie so oft, durch die alten Hügel und Heiligtümer Irlands. Da sah er plötzlich »das Land mit den vielen Farben«. Die ätherische Landschaft, die durch die strahlenden Quellen und Kanäle ihrer Energien von innen her leuchtet. Diese Wirklichkeit, sagte er, ist nur ein Augenzwinkern vom normalen Sehen entfernt. Auf einmal wusste er, dass das Goldene Zeitalter überall um ihn herum ist, und dass nur wir selbst blind dafür sind. Denn es ist keine Sekunde lang irgendwo anders gewesen. George William Russell lebte von 1867 bis 1935 und war eine äußerst eindrucksvolle Erscheinung, die alle Hollywood-Boys an Schönheit und Würde übertrifft. Der Ruhm, der ihm als Dichter zufloss, interessierte ihn nicht. Er widmete sich den Ärmsten Irlands und danach jahrzehntelang als Journalist der ganzen Nation. Er wollte die Welt verändern, und er hat es getan. Auch durch seine Vision der wahren Erde, als er in ihrem Leib plötzlich die in allen Farben funkelnde, glühende Seele erkannte.
Ein Phantast? Ich glaube, ich kann beurteilen, dass er keiner war. Denn ich habe dieselbe Erfahrung gemacht. Immer

wieder, wenn es mich aus dem Körper trieb. Anders als bei Russell, verwehte meine Erinnerung bei der Rückkehr in den Leib wie goldener Staub. Nur das Wissen blieb, dass alles gut ist und von einer Herrlichkeit, die ich weder fassen kann noch beschreiben.

Etwas Ähnliches geschah 1921 dem englischen Fotografen und Erfinder Alfred Watkins. An einem heißen Sommernachmittag schaute er von der Kuppe eines hohen Hügels herunter auf Herfordshire. Plötzlich und ohne Warnung wurde sein Geist von einem Sturm von Bildern überflutet, die ein zusammenhängendes Muster bildeten. Wie Schuppen fiel es ihm von den Augen, und er sah, dass die Menschen schon in der Vorgeschichte gerade Linien folgten. Durch die Oberfläche der Landschaft hindurch blickte er auf eine ferne prähistorische Epoche. Die Barriere der Zeit schmolz, und er sah, ausgebreitet über das Land, ein Netz von Linien, das die heiligen Orte des Altertums verband. Erdhügel, alte Steine, Kreuze und Kreuzungen. Kirchen über vorchristlichen Kultstätten, legendenumwobene alte Bäume, Wassergräben und heilige Quellen standen auf Linien, die jeweils mehrere solche Plätze und Bauwerke miteinander verknüpften. Ley-Lines, die über Hochwachten zu Grabhügeln und Berggipfeln liefen. In einem einzigen Moment transzendenter Wahrnehmung betrat Watkins die magische Welt des prähistorischen Großbritannien. Eine Welt, deren Existenz selbst in Vergessenheit geraten war. Alles kam, wie er sagte, in einem Moment blitzartigen Aufleuchtens.

Er glaubte, dass die Ley-Leute – Priester, Astronomen,

Druiden, Barden, Magier, Hexen, Wahrsager und Einsiedler – verknüpft waren durch einen einzigen Faden von Wissen und Macht.

Er sah auch die Ley-Lines der Vögel und Tiere, und dabei fällt mir ein, dass Fliegen den Magnetlinien folgen. Hat wohl etwas mit den schnurgeraden Antilopenpfaden am Himalaya zu tun, die der Fotograf ebenso wahrnahm wie die Bienen-Linien Richtung Heimatstock und die in bestimmten Mustern angeordneten Ameisenhaufen.

Mit Watkins' Worten: »Eine Feenkette aus Licht!«

Haben Russell und Watkins das terrestrische Nervensystem gesehen? Die Traumpfade der Aborigines, die chinesischen Drachenlinien, die irischen Feenpfade? Linien einer Art von magnetischem Strom?

Steht die Landschaft in Korrespondenz mit dem Himmel, ist sie sein astronomischer Spiegel? Die Ströme der Erdenergie und die Einflüsse der himmlischen Körper – umspannt beide eine heilige Geometrie?

Watkins sah die Adern der Landschaft. Die ganze Erdoberfläche wird von einem Fluss von Energien umspült, der als Magnetfeld bekannt ist. Was in ihrem Inneren geschieht, ist noch immer fast unbekannt. Wie alle anderen Himmelskörper ist auch die Erde ein großer Magnet. In der Nähe geologischer Verwerfungen wird der magnetische Fluss besonders erregt. Bei Vollmond erhöht sich die magnetische Aktivität. Es ist auch der Mond, einst Teil der Erde, der viele ihrer Bio-Rhythmen bestimmt.

Der natürliche Magnetismus der Erde scheint früheren Kulturen eine Quelle von Energie und Inspiration gewesen zu sein, auf die ihre ganze Zivilisation abgestimmt war. Die Aborigines, australische Ureinwohner, errichteten wie die Kelten Steinkreise für die Divination und kennen einen Faden von Liedern, der durch die geomantischen Zentren ihrer Landschaft gewoben ist.

Die Praxis, heilige Zentren nach dem Fluss der erdmagnetischen Strömung zu errichten, war nicht auf prähistorische Zeiten beschränkt. Bis zum zwölften Jahrhundert wurde der Standort christlicher Kirchen auf ähnliche Weise bestimmt. Die stärkste Quelle liegt meistens direkt unter dem Turm. An dieser Stelle vereinigen sich die von der Turmspitze angezogenen Einflüsse des Himmels mit der Erdkraft und verschmelzen zu etwas Drittem.

Zweifellos hängt der Drachenstrom mit dem Magnetismus der Erde zusammen. Wilhelm Reich spricht von einer Orgon-Energie, die im ganzen Universum vorhanden ist, in jedem Materieteilchen, an jeder Stelle des Raums. Sie ist in ständigem Fluss begriffen und regt den Zyklus der Schöpfung immer aufs Neue an: Wachstum und Tod.

NATÜRLICHE UND METANATÜRLICHE ERDE – EIN FORSCHUNGSPROJEKT

Die materialistisch-mechanistische Naturwissenschaft ist Geschichte. Es scheint so gut wie keine Materie zu geben, wahrscheinlich ist sie eine Geistererscheinung. Die Quantenmechanik und ihr viktorianischer Prophet Lewis Carroll haben uns ins Wunderland und hinter die Spiegel geschickt. Dort schaut die Erde aber ganz anders aus! Was sagen die Geologen dazu?

Mindestens ist sie, glauben wir C. G. Jung und Wolfgang Pauli, zwischen Geist und Materie angesiedelt, ein Zwitter. Für die Forschung bedeutet das ein Erdbeben. In Zukunft wird man lernen müssen, völlig neu zu denken – wie man es in einer zu unrecht belächelten Vergangenheit bereits tat. Der quantitativen Wissenschaft ging die halbe Welt verloren, jetzt wird sie wieder ganz. Unter Hohn und Spott wahrscheinlich, aber so werden neue Weltmodelle nun einmal empfangen.

Die Erde manifestiert sich auf verschiedenen Wirklichkeitsebenen oder Frequenzen. Von denen wir bisher nur eine einzige erforscht haben. Könnte es sein, dass diese Ebenen über geologische Störzonen verlaufen? Ich selbst geriet auf solchen oft unfreiwillig aus meinem Teilchen- in meinen Quantenzustand, in dem ich auch die Erde in ihrem

Quantenzustand erfuhr. Von unbeschreiblicher Schönheit, entspricht sie exakt der christlichen Verklärung. Tod und Auferstehung scheinen die religiösen Vokabeln eines Frequenzwechsels zu sein.

Auch ich selbst werde im außerleiblichen Zustand von Zeugen verklärt gesehen. Jung, schön und leuchtend, was ich im materiellen Teilchenzustand alles nicht bin. Es ist vielleicht ganz einfach. Im Quantenzustand nehmen wir nicht nur anders als im Teilchenzustand wahr, sondern werden auch anders wahrgenommen. Die Jenseitsvorstellungen der verschiedenen Religionen beschreiben dann die Zustände der verschiedenen höheren oder tieferen Schwingungsebenen. Ein Frequenz-Kontinuum von Himmeln und Höllen, in dem wir uns bewegen. Möglicherweise verlaufen sie über Tode wie über tektonische Bruchzonen.

Im Quantenzustand nehmen wir Quantenwesen = Geister wahr. Aus dieser Perspektive könnten die Götter, Engel und Dämonen aller Mythen und Religionen eine unerwartete Bedeutung gewinnen. Ich rege ein interdisziplinäres Forschungsprojekt an, dem Theologen, Mythologen, Ethnologen, Psychologen, Neurologen angehören sollten. Auch Physiker. Und Laien! Und Liebhaber! Die Wünschelrute in uns selbst ist das beste Instrument.

Feuer und Wasser sollten in diesem Zusammenhang neu erforscht werden. Unterirdisches Wasser wie auch der aus dem Magma erstarrte Granit führen, wie ich aus eigener Erfahrung bestätigen kann, zu Bewusstseinsschwankungen. Der Radius der Wahrnehmung wird dramatisch verändert. Granit strahlt Radon aus, ein radioaktives Gas, das in leichte bis tiefe Trance versetzt. Dieselbe Wirkung hat unterirdisches Wasser auf sensible Organismen.

Möglicherweise beide, jedenfalls aber unterirdisches Wasser schwächt das physische Immunsystem, Viren können kaum abgewehrt werden. Nun scheint es auch ein psychisches Immunsystem zu geben, das gleichermaßen auf Störzonen geschwächt wird und nicht mehr in der Lage ist, Informationen = Wahrnehmungen abzuweisen, wie dies normalerweise zu 90 bis 99 Prozent geschieht.

Das Geheimnis der Geistererscheinungen! Spuk jeglicher Art ereignet sich überall, wird aber vor allem – wie mir auch Radiästheten versichern – auf geologischen Störzonen wahrgenommen. Wer hätte gedacht, dass die sowieso längst in der Wiederholung alter Experimente verstaubte Parapsychologie durch die Geologie wieder zum Leben erweckt wird?

Eine Fülle eigener sowie mir vertrauenswürdig mitgeteilter Erfahrungen lässt vermuten, dass wir gleichzeitig auf verschiedenen Frequenzen = in verschiedenen Wirklichkeiten existieren, die einander nicht ausschließen.

DIE AUFKLÄRUNG VON DER
AUFKLÄRUNG

S ie trat im Namen der Vernunft gegen den Geist an. Ein
helles Zeitalter, das uns von metaphysischem Aberglauben befreit hat. Ein finsteres Zeitalter, das in Materialismus, Positivismus und Industriegesellschaft führte.
Die Welt ist ein Wunder, ein Geheimnis, ein Rätsel. Wir alle
dürfen versuchen, es zu erraten. Unseren Neigungen ent-
sprechend, werden wir dabei zu verschiedenen Lösungen
gelangen. Keine ist ganz richtig, keine ganz falsch. Das
Bild, das wir uns von der Welt machen, verrät uns mehr
über uns selbst als über die Welt.
Ich betrachte die Erde als an Leib und Seele lebendige
Person und alles, was aus ihr kommt, als meine Geschwis-
ter. Fisch, Adler, Gänseblümchen und Kastanienbaum, Bär,
Wolf, Eule, Marienkäfer – eine einzige Weltfamilie. Dass
wir glauben, etwas Besseres als alle anderen zu sein, ist eine
riesige Dummheit. Wir sollen uns die Erde bestimmt nicht
untertan machen, das ist eine falsche Übersetzung der Bibel. In Wahrheit heißt die Stelle nämlich: »Geht und hütet,
behütet die Erde!«
Die Aufklärung ist noch nicht vorbei, obwohl der große
Biologe Rupert Riedl schon vor vielen Jahren endlich eine
Abklärung verlangt hat. Auch meine Neigung gehört mehr

dem Geist als dem Verstand, mehr dem Übernatürlichen als einer mechanistisch-materialistischen Zivilisation. Sie hat uns die Verwüstung der Erde beschert und einen Menschen, der weder in Freude leben noch in Würde sterben kann. Macht die Konzern-, Konsum- und Konkurrenzgesellschaft uns glücklich?

Die Welt ist kein Warenhaus,
Karriere nicht der Sinn des Lebens
und sein Ziel nicht der Profit!

Es ist an der Zeit, die Autonomie der Vernunft infrage zu stellen. Dies umso mehr, als wir sie mit der Zeit auf den Verstand reduziert haben, der ein schlechter Ratgeber des Lebens ist. Geist ist jenseits des Verstandes, und unser Gehirn fasst ihn nicht.

Aufklärung ist seit Kant zum Eingang in die Unmündigkeit geworden. Wir haben uns unter die Herrschaft des Gehirns begeben, das ein Organ zum Ausfiltern von Wahrnehmungen ist. Es erzeugt nicht, wie wir heute wissen, sondern empfängt Bewusstsein und weist Informationen, die nicht ins gängige Weltbild passen, gnadenlos ab. Das Gehirn mauert alle Fenster zur Welt bis auf einen minimalen Frequenzspalt zu.

Abgesehen davon, dass die sichtbare Materie nur der milliardste Teil des tatsächlich existierenden Universums ist, nehmen wir auch davon nur etwa ein Prozent wahr. Platons Höhlengleichnis ist aktueller denn je. Die Welt ist eine verschleierte Dame.

Es gab und gibt Menschen, die ihrem Gehirn den Gehorsam verweigern. Sie sehen das Unsichtbare, hören das Unhörbare, und wir erklären sie für verrückt. Zwei davon – einen hat man offenbar vergiftet, den anderen verbrannt – stelle ich Ihnen jetzt vor.

PARACELSUS
1493–1541

Ein Mensch hat einen großen Leib und vielerlei Wesen im Leibe; was aber der Mensch ist, die Seele, ist ein Geist und ist klein. Dass man das Corpus einen Menschen heißt, ist darum, dass der Mensch im Corpus steckt und die Seele ohne das Corpus nicht ist, sondern beide müssen beieinander sein. So wird auch die Erde ein Element geheißen, so sie doch nur ein bloß Corpus ist, aber das elementum terrae ist im selbigen Corpus und ist unsichtbar, – wie der Geist des Menschen auch unsichtbar ist. Desgleichen der Himmel … Was wir sehen, ist ein groß Corpus, das Element in ihm ist ein kleiner Geist gegen die Größe, die der Himmel hat. Der Mensch, der redet aus seinem Munde; nicht das Corpus redet, der Geist redet. Ebenso trägt die Erde Frucht: aber nicht sie, aber das Element in ihr, das gibt die Früchte. Also sind die vier Elemente körperlich, aber im Wesen und Natur sind sie Geist.«

Paracelsus hat den Leib und die Seele der Erde erkannt, und dass beide die Schatten des Geistes sind, der sie imaginiert. »Geist ist lebendig«, sagt er, »und Leben ist Geist! Die ganze Welt erscheint als ein lebendiges und großes Wesen, ganz in Raum und Zeit. Geteilt nur in Gestalt und Form. Doch weil demselben Chaos alles entspringt, ist eins dem anderen verwandt und gleich. Die Stufe, auf der es gerade steht, ob niedrig oder höher, macht den ganzen Unterschied.« Paracelsus erkannte die Unsichtbaren in den Elementen und hat ein Buch – »Liber de Nymphis« – über sie geschrieben. Nymphen, Melusinen, Sylphen, Salamander – Geister im Geist der Erde, und ich bin sicher, dass er Umgang mit ihnen hatte. »Wasserleute, Bergleute, Feuerleute und Windleute erscheinen wie Menschen und sind doch nit aus Adam.«

»Ihr Fleisch muss so verstanden werden, dass es zweierlei Arten gibt. Das Fleisch aus Adam und das nicht aus Adam stammende Fleisch. Das Fleisch aus Adam ist ein grobes Fleisch, denn es ist irdisch und sonst nichts als Fleisch, das zu greifen und zu fassen ist wie Holz oder Stein. Das andere Fleisch ist nicht aus Adam; das ist ein feines Fleisch und nicht zu greifen und zu fassen, denn es ist nicht aus Erde gemacht. Nun ist das Fleisch der Menschen aus Adam, der ist grob wie die Erde; diese aber ist kompakt, sodass der Mensch weder durch eine Mauer noch durch eine Wand zu dringen vermag. Er muss sich ein Loch bohren, durch welches er hindurchschlüpfen kann, denn ihm weicht nichts aus. Dem Fleisch, das nicht aus Adam ist, aber weichet das Gemäuer, und dieses Fleisch bedarf keiner Türe und keines Loches, sondern es durchdringt Mauern und Wände und zerbricht nichts.

Nun sind beide, Fleisch, Blut und Bein und dergleichen, was zu einem Menschen gehört und in aller Natur wie ein Mensch. Dadurch aber unterschieden, dass zwei Ursprünge sind, das heißt zwei Väter. In gleicher Weise ein Mensch und ein Geist.«

Wie die Erde, und wir müssen ihren Untergang nicht fürchten. Weder 2012, noch irgendwann. Wir sind alle, wie die Erde selbst, auch Geist. »Der Mensch ist tödlich und unsterblich zugleich.« Und dieser Mensch, was ist er, was sind wir? Feuer, sagt Paracelsus, und Geheimnis. Archäus und Arcanum.

Brennt das gleiche Feuer in uns allen, stärker oder schwächer? Ist es *ein Geheimnis*, das wir alle haben? »Die Welt ist eins in Raum und Zeit.« Die Trennung ist, die Scheidung, sagt Paracelsus, Alchimie.

Gott ist der Alchimist und die Erde sein Tiegel, in dem er das große Werk vollendet. Den Stein, das Elixier, den Geist des Lebens. Wie kaum ein anderes fasziniert mich dieses Bild. Aber ist Gott, was ich weder glauben kann noch will, Person? Wo jede Person durch ihre Grenzen definiert wird. Jahwe, ja. Jahwe war Person, eifersüchtig, rachsüchtig, mitleidlos. Paracelsus fragt: »Hat Gott Ohren?«

»Nein«, antwortet er sich selbst und uns. »Nit Fleisch, nit Blut und nit Person. Sondern Wahrheit, Weisheit, Süße. Strahlt wie eine Sonne durch die Sphären. Gott hat keine Ohren!«

Nur einen Ofen, der geht Tag und Nacht nicht aus. Das Feuer, der Archäus, ist Gottes Handwerksmann. Denn das Handwerk des Feuers ist Zerstörung. Ist Verwandlung durch Zerstörung. Das ist Alchimia. Die Rose muss faulen und sterben und neu geboren werden. Wie der Mensch. Die Erde auch? Paracelsus spricht vom ersten und vom zweiten Leben. »Auf das Leben bau nichts, das das erste ist, auf das andere geh, in selbigem suche!«

»Des Menschen Gebäu ist nichts als ein Steinhaufen. Und all ihr Tempel und Kirchen und Ding werden zergehn. Allein der Tempel, in dem Gott wohnet, der bleibt: das ist der Mensch.« Hier allerdings widerspreche ich Paracelsus. Auch die Katze, auch die Schwalbe, auch die Brennnessel – alles ist ein Tempel. Alles oder gar nichts bleibt.

»Es sind zwei Fleisch: von Adam, das ist nichts wert; von dem Heiligen Geist, das macht lebendig Fleisch … Also sollt ihr auch wissen, dass die Dinge alle Geist sind … Darum die Seele wohl auch mag ein Geist geheißen werden … Es ist das Amt der Seele, dass sie ein Engel ist.« Zweierlei Fleisch, und zweierlei Licht. Das Licht der Natur, und das Licht des Geistes. Die im Licht der Natur suchen, reden von der Natur. Wie alle materialistische Wissenschaft, die nicht falsch, nur unvollständig ist. Der Mensch ist Natur, Geist und Engel. Archäus und Arcanum! Das in der Natur unsichtbar verborgene Arcanum wird nur vom Geist erkannt.

»Merket, dass zwo Seelen im Menschen sind, die ewige und die natürliche; das ist: zwei Leben.« Dies gilt auch – er spricht es selbst aus – für die Erde. Zwei Seelen sind in ihr, die ewige und die natürliche. Sie hat zwei Leben. Das ewige und das natürliche.

Paracelsus spricht vom Gemüt, das ins Verborgene sieht. »Wie Gott selbst, die Prima materia und der Himmel ewig und unvergänglich sind, so ist es auch das Gemüt. Der Mensch wird selig durch und mit seinem Gemüt. Würden wir unser Gemüt erkennen, wäre uns auf Erden nichts unmöglich.«

Paracelsus hat sein Gemüt erkannt. »Allemal bei Nacht, wenn alle leiblichen Dinge still sind ... Im Schlaf, wenn der elementische Leib ruht und der siderische, der Sternenleib am Werk ist, an geheimen Orten, sodass keiner von den Leuten erschreckt werden kann ...«

Diese Texte beweisen, dass Paracelsus schon zeitlebens immer wieder seinen Leib verlassen hat. Eine Erfahrung, die allen Zeiten und Kulturen vertraut ist. Mir auch. Die Wissenschaft kennt das Phänomen. Die Wissenschaft ignoriert das Phänomen, weil sie es nicht erklären kann.

Sie möge nie aufhören, nach dem Unerklärlichen zu fragen! Die Frage ist wichtiger als die Antwort. Jede Frage öffnet, jede Antwort schließt eine Tür. In der Schule würde ich für neue Fragen Noten geben. Statt für alte Antworten.

Archäus und Arcanum. Das Licht der Natur und das Licht des Geistes. Materieller und immaterieller Leib. Korpuskel und Welle, Teilchen und Quant. Die geheimnisvolle Doppelnatur des Seins? »So soll der Mensch in zweien Lichten leben, und keins hindert das andere, sondern sie sind zusammen vermählt wie Mann und Weib.«

Paracelsus selbst lebte nicht nur in zwei Lichtern. Er lebte auch in zwei Naturen. Die Untersuchung seiner Becken- und Schädelknochen hat ergeben, dass er ein Hermaphrodit gewesen ist. Wenn nicht überhaupt eine Frau.

Aber eine Feministin war er nicht! »Der Mann ist über die Frau, die Frau unter dem Mann ... Die Frauen sind nur halbe Kreaturen. Das ist: sie sind in ihrer mikrokosmischen Art beraubt der großen Potenz, die der Mann hat.« Doch hält er sie auch für den Schnittpunkt zwischen sichtbarer und unsichtbarer Welt und schreibt: »Ein Mann ohn eine Frau ist nit ganz.« Und das ist doppelt wahr.

Vom apokryphen Thomas-Evangelium bis C. G. Jung gilt: Der Mensch hat zwei Geschlechter oder soll sie haben. Denn eins allein ist schrecklich. Die Mischung erst, der Cocktail macht den Reiz und das Talent.

Und die Erde, ist sie auch ein Zwitter? Gaia und Gaius. Göttin und Gott. Auch wenn man sie dem Himmel immer wieder anvermählt hat. Wie zitiert der apokryphe Thomas seinen Bruder Jesus? »Wenn ihr nicht werdet Mann *und* Frau, könnt ihr nicht eingehen ins Paradies.« Und zweitausend Jahre später fordert C. G. Jung uns auf, unseren animus mit unserer anima zu verheiraten. Das hat die Erde, sich in ihren Kindern selbst befruchtend, auch getan.

Paracelsa, wie die Forscher an den Universitäten ihn längst nennen, nicht. Sie spricht vom samenlosen Zustand und dass Geschlechtstrieb weder zwangsläufig noch naturgegeben ist. Dass sie dabei weiß, wovon sie spricht, ist ziemlich sicher.

Paracelsa reitet als fahrender Arzt durchs Land. Treibt dunkle Künste wie die Alchimie, dies tat auch Newton, und sucht das Verlorene, Verbotene, die sichtbaren wie die unsichtbaren Geheimnisse der irdischen und überirdischen Welt. Eine sehr einsame Frau, die ihr Geschlecht verschweigen musste. Auf dem nächsten Scheiterhaufen hätte man sie sonst verbrannt.

Hat die Seele ein Geschlecht? Ja oder nein, es ist nicht wichtig. Denn, sagt Paracelsa: »Die Seel ist nicht die letzte Wirklichkeit. Sondern der Kochtopf auf dem Herd des Lebens, in dem wir immer neu uns zubereiten, so lang, bis das Gericht Gott schmeckt.« Das Motto ihres Lebens, ihrer Arbeit, ihrer Lehre: »Zu Ende bringen, was nit kommen an sein End.« Also uns selbst zu Ende bringen, immer neu uns zubereiten. »Der Bäcker, der aus Mehl und Wasser Brot bäckt, ist ein Alchimist. Der Mensch ist noch nit Brot!«

»Alle alte Art muss absterben und in die neue Geburt geführt werden.« Leben ist also ein Prozess des Sterbens, und Sterben pure Alchimie. »Achte nit auf das erste Leben, suche auch nit in ihm alle seine Kräfte; das was es ist, zergeht und bleibt nit. Was nit bleibt, was nit in die neue Geburt geht, das geht den Arzt nichts an.«

Unsere Gesellschaft achtet nur auf dieses erste Leben. Versucht, es unter allen Umständen zu verlängern. Züchtet lebende Leichen, und das um jeden Preis. Die Langzeitpflege treibt ganze Staaten noch in den Ruin. Wir haben das Sterben verlernt.

Paracelsa spricht von der Alchimie der Verwesung, die der Prozess des Lebens selbst ist. Verweigern wir sie, bringen wir den Prozess zum Stillstand. Wie die große Evolution der Arten, auch die kleine der Person. Leib und Geist müssen verwesen. Auch die Information. Unverändert in den Schulen abgerufen, ist sie tot. In der Verwandlung durch Verwesung erst entstehen die lebendigen Kulturen.

»Was nach unserem Tod geboren wird«, sagt Paracelsa, »ist die Seele.« Haben wir noch keine? Und versuchen, sie mit allen Mitteln zu verhüten? Sterben ist Entbunden-Werden. Treibt, wer mit Gewalt den Tod verhindern will, vielleicht die Seele ab?

Paracelsa soff. Paracelsa fraß. Paracelsa liebte die Kranken und trug ein magisches Schwert. Paracelsus-Paracelsa ist als Arzt, Philosoph und Visionär ein Leuchtturm, dessen Feuer nicht erlischt. Paracelsus ist der erste Grüne, der vor der Ausbeutung der Erde warnt. Paracelsus ist der erste Holist, der erste Psychosomatiker, der erste Heilkundige der Bäder. Wegbereiter der Homöopathie und Psychiatrie. Der, im alchimistischen Sinne, erste Chemotherapeut. Und sogar der erste Chaostheoretiker: »Berühre eine Blume, und die Sterne erzittern!« Was an Knospen sprießt in unseren Köpfen, war in seinem Geiste längst erblüht.

Hochzeit mit der Natur zu machen, beschwor uns Paracelsus-Paracelsa. Wir können es wohl erst, wenn auch das Unsichtbare unseren Herzen wieder sichtbar wird.

Giordano Bruno
1548–1600

Man wird erkennen, dass die Erde und all die anderen Körper, die wir Gestirne nennen, als hauptsächliche Glieder des Weltalls nicht nur Leben und Nahrung den Dingen spenden, die aus ihnen ihren Stoff nehmen und ihn wieder zurückgeben, sondern selbst ebenso oder gar in höherem Maße Leben in sich haben, durch das sie mit festem und natürlichem Willen aus einem inneren Prinzip sich auf angemessenen Bahnen zu den Dingen bewegen. Es gibt keine anderen äußeren Beweger ...«

»Die Erde und die anderen Gestirne bewegen sich ... aus dem inneren Prinzip, welches ihre eigene Seele ist ... Empfindend, auch denkend wie die unsere, vielleicht in noch höherem Grade als diese ... Wenn die Erde Empfindungen besitzt, so nicht dieselben wie wir, wenn sie Glieder hat, sie nicht wie die unsern sind, wenn sie Fleisch, Blut, Nerven, Knochen und Adern hat, diese nicht den unseren gleichen, und wenn sie ein Herz hat, dann nicht so eines wie wir ...«

»Nicht nur bei den Lebewesen, die wir als solche erkennen, sind die Teile in beständiger Wandlung und Bewegung und besitzen einen gewissen Fluss und Rückfluss, immer etwas von außen aufnehmend und umgekehrt etwas von innen ausscheidend, sodass die Nägel wachsen, Haare und Wolle Nahrung erhalten und Haut und Leder sich kräftigen, sondern auch die Erde dem Ein- und Ausfluss der Stoffe unterliegt, worin sich ... das Leben bekundet ...«

»Es ist mehr als wahrscheinlich ... dass viele, ja unzählige Einzelweisen nicht nur in uns leben, sondern in allem, was aus einzelnen Teilen zusammengesetzt ist. Und wenn wir sagen, etwas sterbe, so dürfen wir nicht so sehr glauben, dass es vergehe, sondern vielmehr, dass es sich lediglich verwandele und jene zufällige Zusammensetzung und Einheit aufhöre, deren Bestandteile immer unsterblich bleiben, und zwar mehr noch die geistigen als die körperlichen und materiellen.«

In jeder unserer Zellen leben Millionen oder Milliarden anderer Lebewesen, in denen wiederum, und so weiter. Und das hat Giordano Bruno, beinahe 100 Jahre vor Leeuwenhoek und seinem Mikroskop, gewusst – woher? Ich vermute die Allgegenwart der Information. Aber abrufen können Sie offenbar nur Genies.

Übrigens, Leeuwenhoek war ein holländischer Tuchhändler. Und um die Erforschung der Eiszeiten machten sich der Glasgower Pförtner James Croll und der serbische Maschinenbauer Milutin Milankovic ungeheuer verdient. Dies nur, weil ich Sie bedrängt habe, Amateurforscher zu werden. Viele Entdeckungen wurden und werden von neugierigen, durch keinerlei Wissenschaftstheorien behinderten Laien gemacht.

Zurück zu Giordano Bruno, der schließlich auch kein professioneller Geologe, Biologe oder Astronom war, sondern Dominikanermönch.

»Die Luft, in der sich Wolken und Winde bewegen, ist ein Teil der Erde, denn unter *Erde* muss das ganze Gebilde und der vollständige, aus ungleichartigen Teilen bestehende Organismus verstanden werden ... Die Wolken werden also von Ursachen, die im Körper der Erde selbst liegen, bewegt.«

»Es liegt im Willen der Natur, die das Weltall lenkt, dass alle Formen allen weichen müssen. Im Übrigen erhöht es ja gerade die Würde dieser unserer Substanz, dass sie zu allem werden und jegliche Form annehmen kann, statt eine einzige festzuhalten und dadurch etwas Partikuläres zu bleiben; denn auf diese Weise ist es ihr möglich, dem Alles in Allem Seienden zu gleichen.«

»Da diese Materie in Wirklichkeit alles ist, was sie sein kann, hat sie alle Maße, alle Arten von Gestalten und Dimensionen; und weil sie alle besitzt, hat sie auch wieder keine; denn das, was so viel Verschiedenes zugleich ist, kann keines davon im besonderen sein. Dem, was alles ist, kommt es zu, jedes einzelne Sein auszuschließen.«

»Diejenige Form, die *alle* Eigenschaften umfasst, ist selbst keine von ihnen ... Das, was alles sinnlich wahrnehmbare Sein enthält, ist dadurch nicht selbst sinnlich wahrnehmbar. In höherem Sinne unteilbar ist jenes, das alles natürliche Sein besitzt; in noch höherem Sinne ist es jenes, das alles geistige Sein in sich fasst; in höchstem Sinne jenes, das überhaupt alles Sein hat, das sein kann.«

Vielleicht fällt Ihnen jetzt Richard Feynman und seine theory of everything ein?

»Die Wirklichkeit kann nur dann alles sein, wenn sie nicht etwas Bestimmtes ist.«

Nur wir wollen unbedingt etwas Bestimmtes sein und bleiben. Wie dumm von uns!

»Es muss auf Grund unzähliger Grade der Vollkommenheit ... unzählige Einzelwesen geben, welche die großen Lebewesen sind (von denen die Erde eines ist, die göttliche Mutter, die uns geboren hat und uns ernährt und uns wieder in sich aufnehmen wird).«

»Sobald einmal die Bewegung dieses Weltgestirns verstanden sein wird, auf dem wir uns befinden, ... von seiner eigenen Seele und Natur angetrieben um die Sonne läuft und sich um seine eigene Mitte dreht ... Es gibt unendlich viele Sonnen und unendlich viele Erden, die diese Sonnen umkreisen ...«

Die Unendlichkeit der Welten, längst inzwischen von der Wissenschaft bestätigt, ließ Rom sich nicht gefallen. Angeklagt der Ketzerei, wurde Bruno in der Engelsburg sieben Jahre eingekerkert und dann auf dem Platz der Blumen lebendig verbrannt.

Giordano Bruno oder Filippo, wie er früher hieß, war einer der größten Geister dieser Erde. Gottfried von Einem und ich schrieben eine Oper über ihn und seine Lehre, »Tulifant«, und ein Paracelsus-Spiel: »Die heilige Hexe«.

DER MOND

Er gehört natürlich zur Erde. Ihr kleines Alter Ego. Obwohl wir auf ihm gelandet sind, hat er seinen Zauber nicht verloren. Er ist und bleibt ein magischer Ort. Das Land der Seele, die im Schlaf aus dem Leib fährt. Der himmlische Abgrund, erotisch und dämonisch. Ein Hermaphrodit ist er auch, die schöne Schwester der Paracelsa. Und wie sie, treibt auch er Magie.

Herr und Dame des Regens, von Ebbe und Flut, der Pflanzen, Kräuter und Sumpftiere. Es soll eine Art drittes Bewusstsein geben, Mondbewusstsein jenseits von Intellekt und Gefühl. Als junges Mädchen ist meine Mutter mondsüchtig gewesen und spazierte nachts über das Fensterbrett. Ich kenne eine New Yorkerin, die bei Vollmond aufsteht und mit geschlossenen Augen ihren gesamten Haushalt verrichtet, was ihrem Mann das kalte Grausen beschert.

In China und Indien galt der Mond als mit dem Trank der Unsterblichkeit gefülltes Gefäß. Er ist der magische Spiegel, in dem wir uns selbst nicht mehr erkennen. Wasser, Glas und Kristall sind ihm verwandt. Man fürchtet ihn als Seelenräuber, der ins Geister- und Totenreich entführt. Doch kann man auf einem Mondstrahl auch geradewegs in den Himmel steigen.

Früher guckte man in den Hexenkalender. Da zählten die Nächte, und man rechnete nach dem Mond. Das Jahr hatte 13 Monde. Jeder Mond war einem Baum geweiht, und jeder Baum hatte eine Bedeutung. Der Holunder das Schicksal, die Birke den Anfang, der Efeu das Sterben, das Rohr den Schlaf und den Traum. Der fünfte Mond gehört der Weide, sie steht für Sonne und Mond. Männer zauberten mit der Sonne, Frauen mit dem Mond.

Unser Tag- und Sonnenkalender eignet sich nur mehr für Daten und Termine.

Der Neumond hieß auch »Holder Herr«, man zog den Hut vor ihm ab und beugte das Knie. Er war für alle Anfänge wie Heiraten und Häuserbauen geeignet. Auch war es heilsam, unter dem Unsichtbaren Heilkräuter zu sammeln und reinen Tau. Der Vollmond wiederum war besser für Trennungen, Auflösungen, Scheidungen. Man konnte sein Haus abreißen, das Holz fällen, Gras mähen und Schätze, so es sie gab, heben. Früchte, die über der Erde wachsen, sät man im zunehmenden und Früchte, die unter der Erde wachsen, im abnehmenden Mond.

Trinkt man aus einem Krug, in den der Mond scheint, wird man mondsüchtig. In Rindlberg habe ich jahrelang bei Vollmond einen Krug Wasser auf die Wiese vor meinem Fenster gestellt, das ich am nächsten Morgen andächtig trank. Wurde ich mondsüchtig? Vielleicht ja, vielleicht nein. Ich weiß es nicht. Ich weiß nur, dass alles mit allem zusammenhängt, lückenlos. Wie nicht nur die Alten versichern, sondern auch die neue Physik.

»Wenn ich die Stirn dir berühre / Spür ich auf einmal den

Mond«, dichtet Hans Carossa an eine Katze. Mein Mann und ich haben den Katzenmond auch gehört. War er voll, heulten unsere sechs wie arme Seelen im Feuer, und alle Katzen im Dorf fielen klagend ein. Oder war es ein Freudengesang? So ein Jammer, dass wir die Sprache der Tiere nicht mehr verstehen. Nur noch in der Christnacht, da muss man mit Räucherwerk durch den Stall gehen. Tat ich auch, und unsere Schafe schauten mich stumm und erstaunt an.

Der Mond gilt auch als himmlisches Wasser, das man mit einem konvex geschliffenen blanken Spiegel herunterholen kann. An das himmlische Feuer der Sonne hingegen kommt man am besten mit einem Hohlspiegel. Warzen vertreibt man mit einem Brennglas, das man 20 bis 30 Minuten lang vor den abnehmenden Mond hält. Hätten Sie gern eine wirksame Beschwörung? Versuchen Sie es mit dem Lied des Bartlett Green, Sie finden es in Gustav Meyrinks »Engel vom westlichen Fenster«:

> »Aus dem abnehmenden Mond,
> Aus der silbertauenden Nacht,
> Schau mich an, schau mich an,
> Die du immer mein gedacht,
> Die du immer dort gewohnt!«

Wer stirbt, begibt sich zuerst einmal auf den Mond. Er scheint die erste Station der Seelen auf ihrer Jenseitsreise zu sein. Und weil Leben und Tod einander bedingen, schrieb man in den Urkulturen die Fruchtbarkeit immer dem

Mond zu. Die alten Fruchtbarkeitsgöttinnen sind meistens Mondgöttinnen gewesen. Mondtiere sind der Hase, die Kröte und die Antilope.

Einst glaubte man, Sonne und Mond wären die Augen der Gottheit. Offenbar blinzelte sie. Wegen seiner Phasen galt der Mond auch als erster Mensch, der stirbt. Drei Nächte lang verschwindet er völlig vom Himmel, und drei Nächte lang irrt nach dem Tod die Seele unsichtbar auf den alten Plätzen umher. Der Mond ist das Symbol von Tod und Auferstehung.

Im Nahen Osten rief man den Mond als bärtige Aphrodite an, eine bisexuelle Gottheit. Sibirische Schamanen lockten ihn als Vogel mit Eisschnabel und Kupferkrallen auf ihre Schulter herab und zauberten mit ihm. Elben, die dunklen wie die hellen, und Kobolde galten als Kinder des Mondes.

Bauern und Gärtner wissen, dass die Vegetation auch ihm, und nicht nur der Sonne, untersteht. Solange er zunimmt, nimmt alles zu, und solange er abnimmt, nimmt alles ab. Zwei Tage vor und zwei Tage nach Neumond ist der Einfluss am stärksten. Was ich auf eine sonderbare Art bestätigen kann. Denn genau das waren die Zeiten, in denen sich meiner etwas bemächtigte, für das ich keine Namen habe. Unheimliche, gespenstische Zustände, in denen ich mehr außerhalb als in mir selbst war. Nun ja, eine strenge Trennung in Pflanzen und Tiere wird von der Wissenschaft sowieso langsam als künstlich erkannt, und vielleicht sind wir alle Teile der Vegetation?

Nach der Signaturenlehre gehören Wachstum und Vergehen zum Mond. Auch der Hund, er heult ihn beinahe noch wilder an als die Katze. Wassertiere, Flüsse und Tümpel. Die Milch und die Phantasie. Gräser, Lilien, Schmetterlingsblütler und alles, was violett ist.

Die 28-tägigen Mondrhythmen wirken über das Wasser und verursachen Ebbe und Flut. Weil wir vorwiegend aus Wasser bestehen, kann man sie in uns ebenso nachweisen wie in marinen Tieren. Plinius rät, Tiere überhaupt bei Neumond zu kastrieren, weil sie dann weniger bluten. Die moderne Chirurgie hat das bestätigt.

»Die Sonne tönt nach alter Weise«, dichtete Goethe, und man hat ihn belächelt. Heute weiß man, dass sie kracht und brüllt. Der ganze Kosmos pfeift, grunzt, klappert, knattert, klingelt und trommelt. Während es mich nächtens aus dem Leib trieb, hab ich es selbst manchmal gehört und bin sehr erschrocken. So sehr, dass ich aus lauter Angst – plumps! – in den Körper zurückfiel. Dann war es sofort still. Was nur heißt, ich hörte das Rauschen und Donnern nicht mehr.

Die Schlangenkraft oder Kundalini liegt zusammengerollt im Anus und steigt, so man sie durch Meditation und Yoga erweckt, durch unsere Chakren bis zum Scheitel, wo sie sich mit Brahman oder der jeweiligen Gottheit vereinigt. Der Westen ist sich nicht ganz sicher, ob es diese Kundalini überhaupt gibt, und auch die Chakren, feinstoffliche Energiezentren, zweifeln die meisten unserer Mediziner an. Ich eher auch, obwohl … Also die Kundalini ist ein inwendiges Feuer, das mich seit meiner frühen Jugend nächtens fast verbrennt. Und noch heute reiße ich in Winternächten mein Fenster weit auf. Bei einem Abendessen in England befragte ich einmal den großen Stanislav Grof, Begründer der transpersonalen Psychologie, darüber. »Zucken Sie schon?«, erkundigte er sich interessiert. Beschämt musste ich das verneinen. Mit meiner eigenen Kundalini ist es offenbar nicht weit her. Doch erinnere ich mich an ein zufällig mitgehörtes Gespräch zweier Männer an einer Bar. »Ich *muss* heilen«, jammerte der eine. »Eine Freude macht es mir nicht. Aber was bleibt mir anderes übrig? Ich halte die Hitze nicht aus.« Beim Heilen vergeht sie also? Das ist interessant.

Die Kundalini scheint, auch wenn sie nur versehentlich aufwacht, eine mächtige Energie zu sein, mit der man alles Mögliche anstellen kann. Eben auch Heilen. Den indischen Beamten Gopi Krishna allerdings trieb sie in den Wahnsinn. Er wurde zwar erleuchtet, aber auf der Psychiatrie. Darüber hat er schlechte Gedichte und zwei gute, längst vergriffene Bücher geschrieben. Eins davon mit dem bedeutenden Physiker Carl Friedrich von Weizsäcker, der viele große Lehrstühle besetzt hat und ein Bruder des seinerzeitigen deutschen Bundespräsidenten war. Bei einem privaten Essen in München sagte er den unvergesslich schönen Satz: »Körper ist die Art, wie eine Seele einer anderen Seele erscheint.«

Bei Neumond erstarkt das Schlangenfeuer, und wir geraten in die Dämonenwelt. Was nicht so schlimm ist, wie es klingt. Denn höllisch haben sie erst die Kirchenväter gemacht. Jedenfalls hausen sie unter dem Mond, haben Luftkörper und können in uns eindringen, dann sind wir besessen.

Die beste Zeit, in Trance zu fallen, sind der Neumond und die Tage danach. Trance ist nur einer der verschiedenen Zustände des Bewusstseins. Andere, die wir kennen, sind Wachheit, Tiefschlaf und Traum. Ich bin sicher, dass es noch weitere und womöglich sehr überraschende gibt. Beobachten Sie, forschen Sie, haben Sie keine Angst!

Empfehlenswert ist der Vollmond für derartige Experimente. Auch Singen und Tanzen gelingt, wenn auch nicht immer gleich gut. Obwohl Nichttänzerin, wirbelte ich im Mondlicht auf unserer Hauswiese herum und rasselte laut. Leider flogen mir dabei die Messingglöckchen von der Rassel in hohem Bogen davon. Ich suchte sie dann auf allen vieren im Gras, bevor ich wieder Dämonen und andere Unterweltler beschwor. Nur zu verständlich, dass sie angewidert fernblieben.

Im Zwielicht zwischen Sonne und Mond, auf der Schwelle zwischen gewöhnlicher und magischer Wirklichkeit, steht der Hüter der Schwelle. Kann sein, wir sind es selbst. Jenes Ich, das der Neocortex nicht kennt und das es zweifellos gibt. »Ich *ist* ein anderer«, sagt der Dichter Rimbaud, dem die Nachtseite des Bewusstseins nur zu vertraut war.

Es gibt eine Welt hinter der Welt und eine Erde, die unsichtbar für uns ist. Diese ist nur ihr Schatten. Es gibt auch einen mystischen Mond, auf dem kein Astronaut landet. Wir haben uns in der Vorstellung der Materie verfangen, und sie ist wirklich nur eine – wenn auch sehr eindringliche – Vorstellung. Wussten Sie, dass Ihr Körper, und alle anderen auch, ein Elektronenschwarm ist? Und dass wir noch einen zweiten haben, in dem ich mich nur zu oft herumtreibe, ohne es zu wissen, und Sie wahrscheinlich auch. Doch wurde und werde ich dabei gesehen, von Bekannten wie Wildfremden.

Es ist der Doppelgänger, die Doppelgängerin, den Paracelsus siderisch nannte, den Sternenleib. Er kann sich wie eine Wolke ausdehnen und zusammenziehen, und es gibt keine Kultur, die ihn nicht gekannt hat. Dass unsere Schulweisheit ihn, wie auch alle anderen außerkörperlichen Erfahrungen, leugnet, ist eigentlich ihr Problem. Sie können der Sonne, dem Mond und der Erde leichten Herzens Doppelgänger zugestehen, ohne sich deshalb naiv fühlen zu müssen. Naiv sind jene Wissenschaftler, die nie über die Oberfläche der Dinge hinausgelangen und deren unsinnige Theorien sowieso fortwährend widerlegt werden.

Es war, das haben Sie wohl schon gemerkt, die Doppelgängerin der Erde, die Russell und Watkins erblickt haben. Die in Farben, die es auf dieser Welt gar nicht gibt, strahlende, funkelnde, leuchtende Doppelgängerin. Ich kenne sie auch, wenn auch nur aus Träumen und den außerleiblichen Zuständen des Bewusstseins, von denen der Volksmund so schön sagt: »Ich könnte glatt aus der Haut fahren« und »Ich war«, bei dieser oder jener Gelegenheit, »nicht bei mir.«

Möchten Sie gern einmal Magie treiben? Klar, wer nicht. In Silber gefasste Perlen, Kristalle und Quarze sind eine große Hilfe dabei. Der Mond regiert den Montag und die vierte Stunde des Tages. Was diese vierte Stunde betrifft, ist *sie* und nicht die Mitternacht die wahre Geisterstunde. Genau: 2 bis 4 Uhr. Nur um diese Zeit »fuhr ich aus der

Haut« und »war nicht bei mir«. Sie aber könnten, was ich allerdings nie versucht habe, jetzt Liebes- und Versöhnungszauber treiben, den Mond beschwören oder die Toten, wovon ich abrate. Dem Mond gefällt das vielleicht, den Toten bestimmt nicht. In der Welt der Lebenden zu erscheinen, kostet sie eine Menge Energie. Es ist ein bisschen so, als käme man aus köstlich dünner Gebirgsluft in zähen Schlamm. Für Visionen und Diebstahl ist es auch die richtige Zeit. Ebenso, wenn Sie sich unsichtbar machen oder Werwölfe treffen wollen. Substanzen des Mondes sind Weihrauch, Minze und Mohn. Räuchern Sie, streichen Sie Mohn auf Ihre Stirn und Minze in die Herzgrube, und dann:

Weihrauch, Minze, Mohn,
Hexe, flieg davon,
Reit mit Diana, dem Mond und dem Wind,
Werde für die Erde blind,
Weihrauch, Minze, Mohn,
Hexe, flieg davon!

Als vor bald vierzig Jahren der junge Volker Arzt, dessen ausgezeichnete Filme ich ab und zu mit Vergnügen im Fernsehen anschaue, mit seinem ZDF-Team zu uns nach Rindlberg kam, um mich vor laufender Kamera zum Mond zu befragen, fielen – was in meiner Gegenwart manchmal passiert – alle Apparaturen aus. Stundenlang mühten die Techniker sich mit ihnen ab, und inzwischen labte ich alle mit Wein. Mich selbst auch. Der Mond stand dann wirklich am Himmel, als es endlich so weit war. Aber ich hatte leider den obigen Text, auf Wunsch des ZDF selbst geschrieben, vergessen. Ertränkt im Veltliner. Volker Arzt war zunächst ratlos. Kaffee half auch nicht. Da malte er ihn mit Großbuchstaben auf ein Blatt Papier, ging vors Haus und kauerte sich unter den Mond. Er hielt die magische Zauberformel ans Fenster, und von dort las ich sie, selbstverständlich nicht ohne Dämonie, ab.

Auch der ketzerische Kirchenvater Origines, er lebte im zweiten Jahrhundert, hielt Sonne und Mond für beseelte und vernünftige Wesen. Von der Sonne gezeugt, begeben Sterbende sich auf den Friedhof des Mondes und erwarten dort ihren zweiten Tod, die Trennung der Seele vom Geist. Der Kreislauf des Mondes gleicht dem unseres Lebens. »Die Menschen kommen deswegen um«, sagt der Arzt und Pythagoräer Kroton, »weil sie nicht vermögen, den Anfang an das Ende zu knüpfen. Und Tschuang-tse, chinesischer Philosoph um 300 vor Christi: »Wer ist imstande, das Nichts zum Kopf, das Leben zum Rumpf, das Sterben zum Schwanz zu haben? Wer weiß es, dass Geburt und Tod, Leben und Sterben ein Ganzes bilden? Mit einem solchen wollen wir Freundschaft schließen.«

Haben Sie gewusst, dass die Erde aus Lachen entstand? In der Abraxas-Kosmogonie (Abraxas war der Jahresgott der Gnosis, von der ich Ihnen später erzähle) erschuf der Urgott durch siebenmaliges Lachen die sieben Planetengötter. Gleichen Wesens sind jeweils Sonne, Tag, Leben, Mann – und Mond, Nacht, Frau, Tod. Mondgöttinnen wie Selene, Artemis und Hekate können Wahnsinn erregen und heilen. Als Schwarz- oder Dunkelmond wird der Mond zur chthonischen Unterwelt, in die wir alle unsere Hadesfahrt antreten müssen. Andererseits ist er die Insel der Seligen, die Gegen- oder himmlische Erde. Wir sollten uns daran gewöhnen, in Gegensätzen zu leben und zu sterben. Himmel und Unterwelt sind *eins*.

Paracelsus, Albertus Magnus – mittelalterlicher Naturforscher und Philosoph – wie auch der Astronom Johannes Kepler lasen an den Mondzyklen die Zyklen des Körpers ab, das Auf und Ab der organischen Kräfte. Die Uhren im Himmel, waren sie überzeugt, gehen gleich wie die Uhren im Körper.

Ein alter Indianer, dem ein Ethnologe von unserer Mondlandung erzählte, nickte nur unbeeindruckt: »Ja, ja. Mein Urgroßvater war auch oft dort.«

Ein eleganter Abschied

Wir sind alle Zellen in einem größeren Leib, dem der Erde, die wiederum eine kosmische Zelle in was auch immer ist, daran besteht gar kein Zweifel. Aber wir verhalten uns nicht wie Teile und bilden uns ein, unwiderruflich ganz, einmalig und, wie Makler von verfallenden Bauwerken behaupten, erhaltenswürdig zu sein. Sind wir nicht.

Nehmen wir uns ein Beispiel an den Zellen, aus denen unser eigener Körper besteht! Ich zitiere aus dem ganz vorzüglichen Buch »Eine kurze Geschichte von fast allem« von Bill Bryson:

»Wenn eine Zelle nicht mehr gebraucht wird, stirbt sie, und zwar auf eine Art, die man nur als äußerst würdig bezeichnen kann. Sie baut alle Streben und Stützen ab, die sie zusammenhalten, und löst ihre Bestandteile in aller Stille auf – ein Vorgang, den man als programmierten Zelltod oder Apoptose bezeichnet. Jeden Tag opfern sich viele Milliarden Zellen zum Nutzen des Gesamtorganismus, und Milliarden weitere beseitigen den Abfall.

Zellen können auch eines gewaltsamen Todes sterben – beispielsweise, wenn sie mit Krankheitserregern infiziert sind –, aber meist gehen sie zugrunde, weil sie den Befehl dazu erhalten. Sie töten sich sogar selbst, wenn sie nicht zum Weiterleben aufgefordert werden – wenn sie nicht irgendeine aktive Anweisung von Botenstoffen erhalten. Zellen brauchen viel Bestätigung.

Hin und wieder kommt es vor, dass eine Zelle nicht auf die vorgeschriebene Weise ihr Leben aushaucht, sondern sich plötzlich wild teilt und vermehrt. So etwas bezeichnen wir als Krebs.«

Haben wir vergessen, dass wir fließendes Bewusstsein sind? In alle Formen eintretend und alle Formen verlassend. Sobald wir uns mit einer einzigen Form identifizieren, hören wir auf, zu fließen, und sind eigentlich tot. Auch wenn wir noch essen, ausscheiden und uns vermehren – die Kriterien des Lebens, die uns so viel bedeuten. Warum?

Es gibt ein Sein jenseits aller Formen, und es gibt ein Sein jenseits des Lebens. Auch, wenn Sie mir noch nicht glauben: Eine Ansammlung von Molekülen aus Kohlenstoff, Wasserstoff, Sauerstoff und Stickstoff ist nicht das Glück, für das Sie es halten. Das Leben ist ein kosmischer Unfall mit üblen Folgen. *Und* ein Wunder ist es auch, erfreuen Sie sich daran! Sie wissen schon, die postaristotelische Quantenlogik, A = B. Oder, wie der Physiker und Nobelpreisträger Niels Bohr es formuliert: »Das Gegenteil einer großen Wahrheit kann wieder eine tiefe Wahrheit sein.«

Wir leben in einer zweideutigen Welt.

Eine Seele hat wie viele Leiber?

Einstein hat die Zeit als Illusion entlarvt, und die Quantenphysik entdeckte die Ewigkeit. Sterben ist weiter nichts als ein Frequenzwechsel. Der Übergang von einer Schwingung auf eine andere. Wir verändern nur unsere Position auf der Skala des Bewusstseins, das nach allen Richtungen unendlich ist.

Reinkarnieren wir, verkörpern wir uns nach jedem Tod neu? Nein, wir verkörpern uns nicht. Wie *sind* das Verkörperte. Nicht das Bild malt sich selbst immer wieder, und immer wieder anders. Sondern der Maler malt viele Bilder, von denen wahrscheinlich keins dem anderen gleicht. Der Maler ist die Seele.

Eine Seele sendet nach allen Richtungen Leiber aus
wie die Sonne Strahlen.

In den Raum, in die Zeit. Raum und Zeit sind imaginäre Bühnen im Spuktheater des Bewusstseins. Denken Sie an einen Baum mit vielen Blättern. Sie verwelken, werden dürr. Sind Sie eines der fallenden Blätter – oder sind Sie der Baum? Der kleine Teil oder das größere Ganze? Als Baum folgen Sie gelassen der Spur der Blätter unter die Erde und wieder aus ihr hervor. Folgen lächelnd ihrem Eintritt in andere Kreisläufe, andere Frühlinge und Winter. Der Baum weint nicht über ein gefallenes Blatt.

Sind Sie der Baum? Oder sind Sie schon der Wald? Bäume sind die Zellen des Waldes, die höhere Identität. Aber auch der Wald ist eine Zelle im größeren Verband der Landschaft, der Erde, der Milchstraße. Wenn wir die Barrieren erlernter Vorurteile fallen lassen, können wir uns grenzenlos ausdehnen. Menschen, die so eine Erfahrung gemacht haben, und war es nur für einen einzigen Augenblick, sprechen vom kosmischen Bewusstsein.

Dieses kosmische Bewusstsein, in dem es weder Angst gibt, noch Trauer – wir haben es alle. Nur unser Zugang zu ihm ist verriegelt, versperrt. In meiner »Schmetterlingsschule« versuche ich, ihn für die Kinder zu öffnen. Ein kindlicher Geist ist noch nicht so fest zugeschnürt. In einer anderen Schule entstünde eine andere Welt. Aber ich rede zu tauben Ohren.

»Unser gegenwärtiges irdisches Leben«, sagt der russische Dichter Leo Tolstoi, »ist einer der Träume eines anderen, wirklicheren Lebens – und so fortlaufend ins Unendliche, bis zum letzten Leben, welches das Leben Gottes ist.«

Aber Gott, erinnern Sie sich? »Gott hat keine Ohren!« Wie hat ihn Paracelsus beschrieben? »Wahrheit, Weisheit, Süße.« Der höchste Zustand des Seins.

Klammern Sie sich an kein Blatt, keinen Baum, keinen Wald, kein Land, keine Erde. Oder, wie mein Mann Gottfried von Einem mir Jahre nach seinem Tod riet:

Bleib nicht du selbst!

WIE OFT WIRD DER MENSCH GEBOREN?

S ooft er stirbt natürlich. Sobald Sie aufhören, zu sterben, müssen Sie sich dieser Anstrengung nicht länger unterziehen. Geboren zu werden, ist kaum ein Vergnügen! Sondern Mühsal und Arbeit, genau wie das Sterben. Beides können wir nur verhindern, indem wir die Grenzen unserer Person öffnen. Gewissermaßen aus unserer Identität herausfließen wie der Bach aus seinem Bett. Oder uns selbst, wie der Geist der Flasche, entweichen.

Da nicht die geringste Aussicht besteht, dass Sie oder ich dies in den nächsten paartausend Jahren erlernen – leider! –, können wir uns mit freudigem oder resigniertem Interesse unseren zahlreichen Verkörperungen zuwenden.

Sie sind zu aufgeklärt, um daran zu glauben? Das Unglück der Aufklärung habe ich schon erwähnt. Fast alle großen Kulturen glaubten daran, und die kleineren auch. Sogar das frühe Christentum. Erst seit dem Konzil von Konstantinopel 553 hat die römische Kirche alle Anhänger dieser doch wirklich sehr einleuchtenden Lehre verflucht.

Zu den solchermaßen Verfluchten gehören Voltaire und Pythagoras, Charles Darwin, Plato, Vergil, der heilige Franz von Assisi, Origines, Giordano Bruno, Dante, Spinoza, Friedrich der Große, Lessing, Shakespeare, Schiller, Goethe, Nietzsche, Schopenhauer, Kant und so weiter. Der größte Logiker seit Aristoteles, der Mathematiker Kurt Gödel, fast ein Zeitgenosse von uns, hat sogar versucht, unsere immerwährende Wiederkehr mathematisch zu beweisen.

Die neue Physik entwarf das Bild von der immateriellen Materie. Auf der Bühne des Mikrokosmos tritt Energie abwechselnd als Korpuskel und Welle auf. Das ist zwar nicht ganz dasselbe wie sichtbarer Körper und unsichtbare Seele, aber beinahe.

Früher dachten wir, dass unsere vielen Leben sich in der Zeit aneinanderreihen wie Perlen auf einer Schnur. Dann kam Einstein daher und erklärte, es gibt keine Zeit. Wohin überall fallen die Perlen nur ohne Schnur? Also ich sage Ihnen jetzt, was ich vermute, und mehr als vermuten können wir auf dieser Welt sowieso nichts. Wir sind gleichzeitig alles!

Es gab sogar einen Forschungsauftrag an die Sorbonne, das zu beweisen. Ein lieber Freund, der Psychiater Peter Berner, nahm ihn an. »Also haben die Schizophrenen recht?«, fragte ich ihn. »Wenn sie sagen, sie sind auch noch andere Personen. Ich hab das ohnedies nie für eine Krankheit gehalten, sondern für unseren natürlichen Zustand.« – »Scheint so zu sein«, sagte Peter und reiste, seine Frau ist eine französische Prinzessin, ab nach Paris. Als ich ihn zwanzig Jahre später zufällig traf, beschäftigte er sich allerdings nur mehr mit der Geschichte der Psychiatrie. Beweisen lässt sich offenbar nichts so schwer wie die Wahrheit.

Stellen Sie sich einen Komödianten vor, der auf vielen Bühnen viele Rollen gleichzeitig spielt. Klar verlöre er schon auf einer einzigen, wenn ihm die Rollen durcheinandergeraten, den Verstand. Darum sind unsere Rollen, Identitäten, Biografien voneinander streng isoliert. Wir haben Rollbalken und Wände. Manchmal geht ein Rollbalken versehentlich hoch, und dann ... Davon später.

Versuchen Sie einfach, sich selbst als chemische Formel zu betrachten! Eine Verbindung aus verschiedenen Elementen, deren Moleküle jeweils eins Ihrer Leben darstellen. Oder als Molekül mit diversen Atomen. Fügen Sie das Puzzle Ihrer Biografien zusammen zu einer einzigen großen Biografie! Das Buch Ihres Lebens hat viele Kapitel.

MIT VERGNÜGEN LEBEN,
MIT VERGNÜGEN STERBEN

VOLTAIRE
»Die Auferstehung ist die einfachste Sache der Welt;
es ist nicht erstaunlicher, zweimal als einmal zur Welt zu
kommen ... Alles in der Natur ist Wiederauferstehung.«

OVID
»Das Geheimnis des Grabes ist zugleich das Geheimnis
der Wiege ... Durch unzählige Formen schreitet die Seele
ihrer letztgültigen Bestimmung entgegen.«

WILHELM BUSCH
»Also hat es dir gefallen
Hier auf dieser schönen Welt?
So dass das Von-dannen-Wallen
Dir nicht sonderlich gefällt?

Lass dich das doch nicht verdrießen,
Wenn du wirklich willst und meinst,
Wirst du wieder aufersprießen –
Nur nicht ganz genau, wie einst.«

GERALD GOULD
»Um Gottes willen, wenn du sündigst, so tue es mit
Vergnügen und tue es um des Vergnügens willen.
Sage nicht:
Seht des Geistes Freiheit! – Im nächsten Moment
Wird das irdische Kleid verblassen
Und Gott selbst durchscheinen.
Sage: Hier ist eine Sünde, ich will sie tun;
Und hier ist der Preis der Sünde – ich will ihn zahlen!«

LOTTE INGRISCH
»Bist du in der ewigen Seligkeit?«

GOTTFRIED VON EINEM
posthum:
»Ich habe sie längst hinter mir.
Schokolade für die Seele,
süß und ungesund.«

PYTHAGORAS & CO.

Die Jagd auf eigene Vergangenheiten ist längst zum Gesellschaftsspiel geworden, was selbst ernannten Reinkarnationstherapeuten ein solides, normalerweise steuerfreies Einkommen beschert. Der erste war übrigens Pythagoras, den allerdings kaum finanzielle Interessen bewegten. Er konnte an einem einzigen Menschen bis zu dreiundzwanzig Biografien ablesen. Was bedeutet, dass die Information zwar ruht, nicht aber gelöscht ist.

Ein paar Universitätsprofessoren haben sich in lustige Detektive verwandelt und reisen auf Spurensuche durch die Kontinente. Tatsächlich wurden und werden sie dabei fündig. Kinder erinnern sich an die Greise, die sie anderswo waren, und Greise fallen ihren halbwüchsigen Eltern von einst um den Hals. Auch das Entdecken ehemaliger Ehemänner und Ehefrauen macht großen Spaß.

Soll man es also nicht ernst nehmen – oder doch? Nun, ich weiß es nicht. Es könnte nämlich sein, und viele Erkenntnisse der Neurologie sprechen dafür, dass auch die Erinnerungen fremder Personen in uns gespeichert sind. Etwa so ähnlich wie bei unseren Körperzellen, von denen jede die gesamte Information des Zellverbandes enthält. Eigene Erfahrungen widersprechen dem nicht direkt, machen es aber auch nicht wahrscheinlich. Dazu komme ich noch.

Muttermale spielen eine Hauptrolle im Reinkarnationszirkus. Jeder oder fast jeder, glaube ich, hat welche. Und zwar genau an den Stellen, wo man im Leben zuvor von einer Mörderkugel getroffen oder einem Messer durchbohrt wurde. Ich gestehe, dass ich auch vor langer Zeit in Betrachtung meiner Male vor dem Spiegel stand. Nicht die leiseste Erinnerung wurde dabei wach. Der Prozentsatz von Ermordeten ist offenbar gering. Krebs und andere Krankheiten scheinen keine Spuren zu hinterlassen.

Auffallend ist, dass die meisten Leute sich an tolle Biografien erinnern. Cleopatra und so weiter. »Bin ich«, wollte die Frau eines befreundeten Ministers aufgeregt wissen, »Heilige oder Hure gewesen?« – »Keine Ahnung«, antwortete ich wahrheitsgemäß. »Aber gibt es da nicht einiges dazwischen?«

Tröstlich und vielleicht sogar wahr sind die Geschichten von verstorbenen Kindern, die schon bald darauf als deren Brüderchen oder Schwesterchen zurückkehren. Angeblich tun dies manchmal auch Großväter und Großmütter, was jedenfalls von Familiensinn zeugt.

Es kann auch passieren, dass man versehentlich seine Seele vertauscht. Das passierte während eines Gewitters zwei italienischen Damen. Die eine wurde am Balkon ihrer Wohnung vom Blitz getroffen, die andere auf dem Weg zum Bahnhof. Beide landeten bewusstlos im Spital. Wieder bei Besinnung, reagierten sie äußerst befremdet, als die behandelnden Ärzte sie mit ihrem Namen ansprachen. Ebenso überrascht waren sie über ihre jeweiligen Ehemänner und behaupteten, sie nicht zu kennen.

Im Blitz hatten sie ihre Seelen vertauscht, und sogar die Erinnerung an ihr bisheriges Leben. Auch ihre Partner? Das ist nicht bekannt. Doch könnte ich mir vorstellen, dass die Geschichte scheidungswillige Männer auf neue Ideen bringt. »Wie«, könnte so einer stirnrunzelnd seine Frau fragen, »war der werte Name? Sorry, nie gehört.«

ZWEI HIMMEL, ZWEI ERDEN

Die Taoisten – das sind Anhänger Laotses, jenes 604 vor Christi geborenen chinesischen Weisen, der alles Sein und Geschehen als Einheit erkannt hat – sind überzeugt, dass es sie gibt. Allerdings in einem anderen als dem gewohnten Bewusstseinszustand. Ich vermute sowieso, dass es viele, möglicherweise unendlich viele gibt.

Die Taoisten erklären, dass die andere – und nur im anderen Bewusstseinszustand wahrgenommene – Welt sich einerseits von unserer unterscheidet, andererseits in ihr existiert. Für mich, geübt in der Quantenlogik, überhaupt kein Problem. Sie steht in unmittelbarer Beziehung zu ihr und wirkt auf sie ein.

Wenn Ihnen das bekannt vorkommt, etwas Ähnliches haben viele große Denker geahnt. Leider haben die meisten Menschen ihre zweite Welt vergessen und begnügen sich mit einer einzigen Staatsbürgerschaft.

Wir können diese zweite Welt auch die jenseitige nennen. Wir existieren jetzt schon in ihr, und warum? Weil wir gleichzeitig lebendig und tot sind. Ich sage und schreibe das seit bald einem halben Jahrhundert, und die Leute tuscheln: »Nette Person. Schade, dass sie verrückt ist.« Oder: »Mir war sie, bitteschön, von Anfang an unsympathisch.« Dabei ist es so klar. Wenn es keine Zeit gibt, was Einstein bestätigt, muss alles gleichzeitig passieren. Stellen Sie sich ein Buch vor. Obwohl Sie es Seite für Seite lesen, steht die komplette Geschichte schon drin. Oder einen Film. Sie sitzen im Kino, und der Held wird, oder die Heldin, in eine Reihe von Abenteuern verwickelt. Die aber alle schon auf der Filmrolle sind und in der Vorstellung lediglich abgespult werden.

Auch die Wirklichkeit, auch unsere Biografie wird nur abgespult. Zukunft und Vergangenheit sind gleichzeitig da, entrollen sich in der Gegenwart vor und zurück. Was sämtliche Vorahnungen und Déjà vus zufriedenstellend erklärt. Zufällig – oder nicht – lief ich vor einer Stunde in einer geschlossenen Drehtür mit einer fremden Dame im Kreis. Wir lachten beide, und da sie mich erkannte, sprach sie mich an. Sie heißt Auguste Brötzenberger, ihr Mann ist Universitätsprofessor, und sie erzählte mir von den eigenartigsten Träumen, die sich tags darauf, manchmal erst ein Jahr später, wirklich und exakt so ereignen. »Wie kann das sein?«, fragte sie, und ich erklärte es wie oben.

Alles, was wir erleben, erleben wir gleichzeitig. Und, ich kann es gar nicht oft genug wiederholen:

Wir sind gleichzeitig lebendig und tot.

Finden womöglich unsere sämtlichen Biografien auch gleichzeitig statt?

DAS SCHÖNE DEKOLLETÉ

Bei solchen Vorstellungen kann einem schon ein bisserl schwindelig werden. Zur Erholung erzähle ich jetzt eine kleine Geschichte. Natürlich ist sie, wie alle meine Geschichten, wahr.

Also ich sitze, wir waren noch gar nicht verheiratet, mit Gottfried von Einem im Schanigarten eines Bierlokals. Wir essen eine Gulaschsuppe und trinken ein Helles. Als ich mitten im Gespräch den Blick hebe, schaue ich direkt auf ein prachtvolles weißes Dekolleté im roten Samtkleid.

Ich war perplex. Denn mir gegenüber saß ein berühmter Komponist in einer alten braunen Lederjacke und mit Blue Jeans. Obwohl der Busen verschwunden war, dauerte es ein paar Sekunden, bevor ich die Sprache wiederfand. Damals noch nicht. Ich habe es meinem Mann erst viel später erzählt, als ihm derartige Geschichten nicht weiter ungewöhnlich vorkamen. Er hat selbst jede Menge davon erlebt. War ich, und ausgerechnet beim Gulasch, in eine andere Zeit versetzt worden, eine andere Situation, ein anderes Leben? Wenn ich nicht annehme, dass ich halluziniere – wofür eigentlich nichts spricht –, war es genau das. Später und sogar früher, obwohl diese Vokabeln jetzt keinen Sinn mehr ergeben, ist mir Ähnliches widerfahren.

Ich erinnere mich an einen Skiurlaub in meinen Zwanzigerjahren. Auf dem Weg zum Lift begegne ich einem vielleicht sechsjährigen Buben. Wir bleiben beide abrupt stehen und starren einander minutenlang an. Und es war ein Zauber um diese Minuten, den ich nicht einmal heute erklären kann, und damals schon gar nicht. In irgendeiner Biografie mussten wir einander sehr nahe gestanden sein. Oder vielmehr nahe stehen, wenn die Zeit, die es nicht gibt, fließt und stillsteht zugleich.

Die Frau eines Regisseurs, der in den Siebzigerjahren ein Stück von mir in Deutschland inszenierte, ich glaube in Tübingen, umarmte mich fassungslos und vertraute mir *das* Geheimnis ihres Lebens an. Nicht einmal ihr Mann kannte es. »Ich weiß nicht, warum ich das tue«, sagte sie. »Ich weiß aber, dass ich Sie kenne.« Wir trafen einander dieses einzige Mal.

Der Dichter Herbert Zand war mein Freund. Gleichzeitig hatten wir das Gefühl, irgendwann irgendwo Zwillinge zu sein. Einmal sah er uns beide in der Loge eines Theaters sitzen. »Aus den Augenwinkeln«, sagte er. »Ich habe es aus den Augenwinkeln gesehen.«

Einem anderen Freund, er war der Präsident des Wiener Konzerthauses, fiel in der Straßenbahn eine junge Frau weinend um den Hals. »Hast ihr so gut gefallen?«, neckte ich ihn. Der Präsident, ein schon sehr älterer Herr, schüttelte den Kopf. »Ich bin, hat sie gesagt, ihr Vater gewesen.«

Solche Geschichten könnte ich stundenlang weitererzählen. Wie wirklich sind sie? Oder, um es gleich mit dem Philosophen Paul Watzlawik zu formulieren: »Wie wirklich ist die Wirklichkeit?«

GRADE DER WIRKLICHKEIT

Die Tibeter kennen einen Alleswisser. Er und nicht der jeweils Verstorbene ist es, der wiedergeboren wird. Mit dem Körper verbunden, hängt er doch nicht von ihm ab. Stirbt dieser, trennt er sich von ihm. Der Wisser wandert einfach aus und schafft sich einen neuen. Im Lauf seiner Inkarnationen erschafft und verändert er fortwährend die Körper. Unwissende sprechen von Strafe und Belohnung. Das Karma ist kein braver Ackergaul, meint der existentialistische Philosoph Gabriel Marcel. Sondern ein feuriges Pferd in wildem Galopp. Also unberechenbar, und durch gute Werke kann man es nicht zähmen. Ich glaube, nicht für, sondern *von* seinen Sünden wird der Mensch bestraft. Nach der tibetischen Literatur gibt es nicht nur verschiedene Formen, sondern auch verschiedene Grade der Wirklichkeit. Die kennt auch Swedenborg, der nordische Seher, überragende Gelehrte, Politiker und Bergbauingenieur aus dem achtzehnten Jahrhundert. Grade vom Feineren zum Gröberen, vom Licht zum Schatten. Zwischen materieller und geistiger Welt besteht ein Wesensunterschied wie zwischen gesonderten Graden, deren es vor allem drei gibt: den himmlischen, den geistigen und den natürlichen Grad. Wir finden sie auch im menschlichen Gemüt. Sie sind in Bewegung, können zu- und auch abnehmen.

Swedenborgs eigene Grade nahmen fortwährend zu, bis er mit Geistern und Engeln verkehrte. Glaube ich ihm? Ja, eigentlich schon. Seine Sehergabe steht außer Zweifel, den berühmten Brand von Stockholm hat er wirklich über viele Kilometer weit gesehen. Obwohl mir Engel zu meinem Kummer versagt blieben, mit Geistern verkehre ich auch. Manchmal. Ein bisschen. Weil wir aber jedes Talent mit irgendeinem Versagen bezahlen, kann ich dafür nicht rechnen, habe zwei linke Hände und kenne mich mit Maschinen nicht aus.

Als der Seher einmal einer Schar von Geistern begegnete, wunderten die sich, dass er zuerst sichtbar und dann plötzlich unsichtbar war. Lächelnd versicherte Swedenborg, »weder ein Gaukler noch eine Wetterfahne« zu sein, sondern »ein Doppelmensch«. Ist er »nicht im Geist, können ihn die Geister nicht sehen.« Es geht um zwei völlig verschiedene Existenzformen.

Ich vermute, dass es ein Hirnwellenmuster gibt, in dem Lebende und Tote einander begegnen. Ich glaube zwar nicht an die naturalistische Neurologie. Doch hat der Geist nun einmal Entsprechungen im Leib, und da wären wir schon wieder bei Swedenborg. »Die himmlische, die geistige und die natürliche Welt entsprechen einander«, schreibt er. »Die physische Welt ist nur ein Symbol der geistigen Welt … Der menschliche Körper ist voll dieses Symbolismus.« Wie spricht Jesus im zuletzt ausgegrabenen und natürlich apokryphen Judas-Evangelium, das möglicherweise die von Rom autorisierten infrage stellt, von sich selbst? »Der Mensch, der mich kleidet …«

Dasselbe könnte die Seele der Erde von ihrem Leib sagen. Natur kleidet den Geist, macht ihn sichtbar, hörbar, fühlbar. Gilt das auch für uns? Denken Sie an Weizsäcker! »Körper ist die Art, wie eine Seele einer anderen Seele erscheint.« Egal, ob Veilchen, Walross oder Abendstern. Verwechseln Sie die Erscheinung nicht mit dem Erscheinenden. Das sind ganz verschiedene Grade, auch wenn plumper Materialismus knapp einen einzigen kennt.

So alt wie die Welt

Lebende haben zuweilen Doppelgänger, die nicht ganz materiell und im Allgemeinen unsichtbar sind. Oder auch, eigenen Erfahrungen zufolge, sichtbar. Denn ich trete, ohne es zu wissen oder gar zu wollen, zuweilen als meine eigene Doppelgängerin auf. Früher bin ich mir dabei selbst begegnet und natürlich erschrocken. Ich ging jedes Mal schnell auf die andere Straßenseite.

Die Tibeter berichten, dass nicht nur Menschen Doppelgänger haben. Sondern auch Pflanzen und Tiere. Nach Alexandra David-Néel ist das eine mit ihnen verknüpfte subtile Gestalt. Da haben wir es schon wieder! Zwei Himmel, zwei Erden, zwei Naturen. Von Laotse bis Paracelsus haben es alle gewusst. Erst in den Jahrhunderten danach fielen wir langsam dem Aberglauben der Eindeutigkeit anheim. Der Illusion eines singulären und ausschließlich materiellen Ich. Völlig uninteressanten Grades und – in diesem Fall zu recht – ohne Fortsetzung.

Bei unserem Welt- und Menschenbild ist es ein Wunder, dass wir uns nicht schon längst aufgehängt haben. Wir brauchen dringend einen neuen Kopernikus! Und er soll uns bitte noch einmal wie vor fünfhundert Jahren sagen: »Was ihr seht, ist Maja, ist Täuschung; verlasst euch auf das, was ihr *nicht* sehen könnt!«

Hat die Erde einen Doppelgänger, eine Doppelgängerin?
Selbstverständlich!
»Wenn ein Geist stirbt, wird er Mensch«, sagt Novalis.
»Wenn der Mensch stirbt, wird er Geist.«
Da wir – Sie erinnern sich? – gleichzeitig lebendig und tot
sind, sind wir auch gleichzeitig Menschen und Geister. So
einfach ist es. Vielleicht.
Aber wenn wir, als Menschen und Geister, ein Plural sind?
Nicht hintereinander, sondern ein gleichzeitiger Plural?
Der lebendige Komödiant mit allen auf seinen Leib ge-
schriebenen Rollen. Und der tote Komödiant, der Geist
oder die Geister des Geistes …? Verwirrend. Aber so dürfte es tatsächlich sein.

CHRISTIAN MORGENSTERN
»Was reden wir denn von den alten Ägyptern, Persern, In-
dern! Reden wir doch von *uns* als alten Ägyptern, Persern,
Indern!«

GUSTAVE FLAUBERT
»Mir scheint, ich bin immer dagewesen! Und ich besitze
Erinnerungen, die auf die Pharaonen zurückgehen. Ich sehe
mich sehr deutlich in verschiedenen Epochen der Geschichte, mit verschiedenen Berufen und in vielgestaltigen Schick-
salen.
Mein gegenwärtiges Individuum ist das Ergebnis meiner
entschwundenen Individualitäten.«

FRIEDRICH DÜRRENMATT
Nach einer Flasche besten französischen Cognacs in unserer Küche: »Ich bin so alt wie die Welt. Es hat mich immer schon gegeben und wird mich immer geben.«

DER PHYSIKER JOHN WHEELER
»Es ist unbestreitbar, dass der Betrachter ein Teilnehmer der Genesis ist.«

So alt wie die Welt, so groß wie die Welt, und unslösbar mit ihr verbunden. Das weiß auch ein Menschenfreund, Astrophysiker und Kosmosforscher aus Bengalen, der mit Mahatma Ghandi eng verbunden war:

MANI BHAUMIK
»Welche Worte sind in den nächtlichen Himmel geschrieben? Die Hauptbotschaft des Lebenslaufs des Universums jedenfalls ist die Einheit, denn wir scheinen alle aus einer einzigen Quelle entsprungen zu sein. 13,7 Milliarden Jahre, bis zum Anfang des Universums, können wir unseren Stammbaum zurückverfolgen ... Wir sind alle vom kosmischen Stamm, von Geburt an verbunden mit dem Universum selbst als Totalität.« (»Der kosmische Detektiv«, Wien 2009.)

Paul Feyerabend fragt

Zusammen mit Paracelsus und Giordano Bruno ist der Relativist mein Lieblingsphilosoph. In seinem letzten Lebensjahr fragte er mehrere Künstler, darunter auch meinen Mann und mich: »Wie gehen Sie mit dem Pleroma um?«

Pleroma, das ist die Fülle, und über sie wollte Feyerabend sein letztes Buch schreiben. Es kam nicht mehr dazu, er starb vorher. Obwohl er vielleicht in der Existenz nebenan gerade daran arbeitet und den Pulitzer-Preis dafür kriegt. Kann sein, der Tod unterbricht weder uns, noch unsere Arbeit. Wenn alles unendliche Gegenwart ist?

Ich fürchte, wir können nicht mit dem Pleroma umgehen, es ist für uns viel zu groß. Also haben wir es in lauter kleine Portionen zerteilt, die wir in Kalender, Land- und Sternkarten verpacken. Wir haben den Raum erfunden, und die Zeit.

»Die Materie«, sagt Hans Thirring – bedeutender Vater eines ebenso bedeutenden Sohnes –, »hat den Raum und die Zeit eingeschleppt.« Photonen, das sind Lichtquanten, haben keine Zeit. Auch keinen Raum? Es gibt in der Wirklichkeit des Lichts nichts, was unserer Vorstellung von Raum und Zeit entspricht.

Wer hat Raum und Zeit eingeschleppt, wenn es gar keine

Materie gibt? Oder so gut wie keine. Gibt die Wirklichkeit uns lauter Rätsel auf – oder nur unsere Vorstellung von ihr? Plagt die Wissenschaft sich mit ihren eigenen Vorstellungen herum?

Ich glaube, so ist es. Obwohl jeder normale Wissenschaftler es mit Entrüstung leugnet. Die großen Entdeckungen haben sowieso nur die Abnormalen gemacht. Sie haben ihre Vorstellungen veränderten, und auf einmal war die Welt anders. Lesen Sie die Geschichte der Naturwissenschaften! Sie ist spannender als jeder Kriminalroman und wimmelt nur so von Verdächtigen und von Leichen. Aber wer der Täter ist, erfahren Sie nie.

Theorien und Dogmen sind Kunstwerke, und man sollte ihre Schöpfer feiern wie Künstler. Kunst kann uns nichts über die Natur verraten, weil sie selbst ein Teil von ihr ist. Das sollten wir wissen – und sofort wieder vergessen. Schließlich kann man Universitäten nicht führen wie Museen oder Theater.

Ich erzähle Ihnen jetzt, was andere über den Raum und die Zeit entdeckt haben, und was ich selbst. Nicht ausgeschlossen, dass die eine oder andere Vorstellung sich mit der Wirklichkeit deckt. Gewiss ist es nicht, und vielleicht ist gerade die Ungewissheit das Abenteuer?

DIE DOPPELNATUR

Erkannte nicht schon der Prediger Salomon die Gleichzeitigkeit der Zeit? »Was geschieht, das ist zuvor geschehen, und was geschehen wird, ist auch zuvor geschehen, und Gott sucht, was vergangen, wieder auf.«
In diesem Jahrtausend, vermute ich, werden wir sie, zugleich mit der Gravitation, überwinden. Im Raum sind wir bereits frei beweglich geworden, auf dem ganzen Planeten Erde, dem Mond und bald schon in immer größeren Teilen des Kosmos. Die freie Bewegung in der Zeit müssen wir erst erlernen.
Unsere Einteilung des Tages in Stunden, Minuten und Sekunden ist eine babylonische und ägyptische Erfindung. Doch Zeit ist, wie wir schon wissen, nicht linear. Kein Pfeil, kein Fluss. Sondern eine Ereignislandschaft, durch die unser Geist wandert. Die Bindung an eine einzige Richtung, nämlich von der Vergangenheit in die Zukunft, ist eine Konvention des Denkens. Wir werden unser Denken transzendieren müssen.
Ich beginne mit dem berühmten Zitat des heiligen oder unheiligen Augustinus: »Was also ist die Zeit? Wenn mich niemand darüber fragt, weiß ich es; wenn ich es aber jemandem auf seine Frage erklären möchte, so weiß ich es nicht. Das jedoch kann ich zuversichtlich sagen: Ich weiß,

dass es keine vergangene Zeit gäbe, wenn nichts vorüberginge, keine zukünftige, wenn nichts da wäre. Wie sind aber nun jene beiden Zeiten Vergangenheit und Zukunft, da die Gegenwart nicht mehr ist und die Zukunft noch nicht ist?«

Gibt es eine Zeit, gibt es viele Zeiten, gibt es neben den Bäumen des Lebens und der Erkenntnis auch einen Baum der Zeit, der wächst und wächst, bis der Tod des Kosmos ihn fällt?

»Es ist unmöglich«, sagt Heraklit, »zweimal in denselben Fluss zu steigen. Denn weder das Wasser noch wir sind dann noch dieselben.« Wirklich nicht? Trotz Einstein und Salomon starrt unsere Kultur, wie das Kaninchen auf die Schlange, auf die sie verschlingende Zeit. Andere Kulturen sind nicht von der linearen Zeitschlange hypnotisiert. Zeit ist vielleicht ein Kreis, in den wir an jeder Stelle eintreten können. Austreten auch?

Für Heraklit ist Zeit ein fliegender Pfeil, ein Prozess, und für Parmenides – Vorsokratiker beide – ist sie ein Kreis. Die Welt als evolutionären Prozess, wie wir sie betrachten, lehnt er klar ab. Die Welt entsteht nicht, sondern *ist*, und alles läuft wieder in sich zurück. Die Welt des Parmenides ist zyklisch.

Fast zweieinhalbtausend Jahre später wollte Kurt Gödel dies mathematisch beweisen. Die ewige Wiederkehr des Gleichen, wenngleich in Variationen. »Wie könnte«, fragt Parmenides, »Seiendes zugrunde gehen, wie könnte es entstehen? Denn entstand es, so war es vorher nicht, und ebenso wenig, wenn es erst in Zukunft einmal sein sollte.

Also ist Entstehen ausgelöscht und unerfahrbar Zerstörung.«

Das wahrhaft Seiende ist also unveränderlich, vergeht nicht, entsteht nicht, teilt sich nicht, ist ungeworden. Es ist eins und unteilbar, und nur auf dieses eine kann unser Denken sich richten. Zeit und Welt stehen still.

In meinen Zwanzigerjahren ist mir Parmenides zweimal widerfahren, und es war absolut schrecklich. Ich erinnere mich an den Stillstand der Welt, ihre Regungslosigkeit. Das dauerte immer nur ein paar Minuten oder gar Sekunden und hat großen Mystikern der Vergangenheit tiefe Einsichten und hohes Entzücken gewährt. Mich erfüllte es mit nacktem Entsetzen. Stellen Sie sich vor, dass die Erde auf einmal erstarrt und verstummt …

Damals glaubte ich noch, Heraklits Werden und Vergehen beschreibe das Diesseits, in dem wir, uns beständig verändernd, leben. Das Sein des Parmenides aber wäre auf das Jenseits bezogen. Das glaube ich heute nicht mehr. Auch das Jenseits ist ein Prozess, und er kann stürmisch sein. Oder auch ein windstiller Mittag, und alles ruht.

Die Doppelnatur der Zeit entspricht der Doppelnatur des Menschen. Wir selbst sind Werdende und Vergehende, zeitlich und ewig, lebendig und tot, und alles zugleich: Parmenides und Heraklit. Wie alles in der Welt – oder unserer Vorstellung, da es sein könnte, dass sie nur als Vorstellung existiert – ist auch die Zeit ein Paradoxon.

»Warum fürchtest du dich vor der Zeit?«, hat der Bildhauer Fritz Wotruba einmal Willi Keyserling gefragt. »Du selbst bist die Zeit.« Wir sind die Zeit, der Tod und das seine Natur fortwährend verändernde Leben. Nur im Chaos gelangen wir zur höheren Ordnung. Wir müssen unser altes Gleichgewicht verlieren, um ein neues zu finden. Das gilt für die ganze Erde. Je weiter sie sich vom Gleichgewicht entfernt, umso lebendiger wird sie. Wer könnte leugnen, dass Katastrophen ein Unglück sind? Und doch blüht die Erde von Katastrophe zu Katastrophe auf. Zeit ist das Medium, in dem alles sich zwischen Chaos und Ordnung entfaltet.

Auch der Mensch. Schicksal – und Schicksale sind fast immer schmerzhaft – ist dabei die treibende Kraft.

Zeit ist – wie Wirklichkeit – ein Plural. Das bedeutet, dass es viele Zeiten gleichzeitig gibt. Die absolute, unbeeinflussbare Zeit hat sich in Einsteins Relativitätstheorien in System- und Eigenzeiten verwandelt, zwischen denen die Übergänge nicht mehr kontinuierlich sind. Auch lassen Zeit und das in ihr stattfindende Ereignis sich nicht trennen.

Es gibt die Landschaften des Raums, und die Landschaften der Zeit. Je höher der Punkt ist, von dem aus wir sie betrachten, umso mehr Raum sehen wir und umso mehr Zeit. Der Dichter, Maler und Mystiker William Blake schreibt: »Ich sehe Vergangenheit, Gegenwart und Zukunft zugleich vor mir existieren.« Und der amerikanische Dichter und Nobelpreisträger T. S. Eliot: »Denn Ende und Anfang bestehen von jeher noch vor dem Anfang und nach dem Ende. Alles ist *immer Jetzt*.«

Ich vermute, dass wir uns in beide Richtungen zugleich bewegen, in Zukunft und Vergangenheit, und dass beide veränderlich sind. Oder bewegen nicht wir uns, sondern Zeit kommt aus allen Richtungen auf uns zu? Steht die Vergangenheit fest? Ebenso wenig vielleicht wie die Zukunft.

Wir sind im Labyrinth von Raum und Zeit gefangen, und wir haben uns in ihm verirrt. Minotauros und Theseus zugleich. Das Ungeheuer und der Held, der es erschlägt. Ist das Labyrinth ein Symbol des Lebens? Ein Symbol des Todes? Und wie finden wir aus beiden heraus?

DER KORTEX IST DAS LABYRINTH

Wir haben uns in unserem Gehirn verirrt. Gleichzeitig glauben wir, dieses Gehirn wäre der Faden der Ariadne, der uns wieder aus ihm führt. Eine paradoxe Hoffnung.

Zeit ist, wie wir schon wissen, ein Modus der Wahrnehmung. Und die Jahreszeiten? Der Erde, des Menschen, der gesamten Natur? Fallen Sommer und Winter ineinander wie Frühling und Herbst? Wie Leben und Tod?

Ein Prisma zerbricht weißes Licht in Farben. Unser Gehirn zerbricht das Ganze in Teile, die Menschheit in Individuen, Unendlichkeit in Zeit. Sie können auch sagen, wir sind fragmentiertes Bewusstsein, das sich selbst in verschiedenen Zuständen erfährt.

Oder nicht erfährt, was Psychologen als Un- oder Unterbewusstes bezeichnen. Ganz stimmt es nicht, denn es gibt so etwas wie eine Archäologie, eine Paläontologie des Bewusstseins, und wenn Sie die Zeit vergessen, ist alles noch da und lebendig. Die alten Kulturen, die Wesen. Praktisch kann ein Saurier neben Ihnen in der Straßenbahn sitzen, und Nofretete zwinkert Ihnen im Fußballstadion zu.

Ich habe entdeckt – und Sie wahrscheinlich auch –, dass in verschiedenen Schichten des Bewusstseins verschiedene Währungen gelten. Wahrheit, die Sie in einer Schicht erkennen, wird in einer anderen als Irrtum entlarvt. Im Allgemeinen denken Sie um 1 Uhr Mittag anders als um 4 Uhr Nacht. Vom steigenden oder fallenden Alkoholspiegel rede ich nicht. Doch scheint es in unserem Bewusstsein so etwas wie fremde, wenn nicht gar feindliche Nationen zu geben. Ich weiß nicht, ist das erforscht? Wenn nicht, tun es vielleicht Sie. Das einzige wissenschaftliche Material, das Sie dafür brauchen, sind Sie selbst.

Bewusstsein ist schrankenlos, obwohl wir es nur eingeschränkt erfahren. Im Drogenrausch fallen manche Schlagbäume, aber das tut uns nicht gut. Einem jungen Computer-Techniker aus dem Waldviertel begegnet auf Schritt und Tritt ein Mammut. Das ist ausgesprochen ungemütlich, und die erschrockenen Eltern gaben ihn bekümmert auf der Psychiatrie ab.

Wir vertragen Wirklichkeit nur in kleinen Portionen, und da müssen sie ordentlich verpackt in Gewohnheiten sein. Das Ungewohnte macht Angst, weil wir keine Regeln für den Umgang mit ihm haben. Wie nur mag sich der erste Mensch gefühlt haben? Falls es einen ersten Menschen gab und wir nicht doch in Gesellschaft gekommen sind.

Und die Erde selbst, deren Miniaturen wir vielleicht sind? Ist auch sie in jeder ihrer Schichten anders oder gar eine andere? Die Jungfrau, die Mutter, die Hexe? Doch gibt es in ihr wie in uns eine Zeit zwischen den Zeiten und einen Zustand, den alle Zustände annehmen. Er ist uns ebenso fremd wie vertraut.

Das Alphabet der Zeit

Von A bis Z haben wir selbst es entworfen, um endlich nicht mehr unendlich zu sein. Mit diesem Alphabet buchstabieren wir die Ereignisse. Verbinden sie zu kurzen und immer längeren Sätzen. Die Grammatik, auf die wir uns dabei geeinigt haben, nennen wir Geschichte.

Wenn aber die Zeit, wie unser Universum, keinen Anfang und kein Ende hat? Stephen Hawking, der große Physiker und Mathematiker, vermutet das jedenfalls. Was wird dann, um Himmels willen, aus unserem schönen Alphabet? Sollte die Geschichte mit dem Big Bang stimmen, dem Urknall, mit dem alles begann und offenbar nichts endet, müssen wir dieses Alphabet sowieso verlängern. Und wahrscheinlich ganz neue Buchstaben erfinden. Auch wird kaum mehr eine einzige Sprache genügen, da die Zeit sich längst in einen Plural von Zeiten vermehrt hat. Doch spricht vieles dafür, dass der Big Bang, dass alle Big Bangs tour-retour reisen. Sie dehnen sich immer wieder aus, und sie ziehen sich immer wieder zusammen.

Diese Zeit, in der wir uns so beständig verwandeln – vom Riesenmolekül über Fötus, Jugend und Alter bis zum erstarrten Leichnam –, verwandelt sich nun selbst. Und sie tut es so radikal, dass die Mehrzahl von uns es lieber gar nicht bemerkt. Zwar wissen wir seit Einstein, dass sie die vierte Dimension des Raums ist, und beide also nicht getrennt voneinander, sondern als Raumzeit erscheinen. Aber wer kann sich wirklich etwas darunter vorstellen?

Und jetzt zerbricht auch noch unser guter alter, von der Vergangenheit in die Zukunft schwirrender Zeitpfeil. Zeit ist Raum, und wie in diesem kann man – theoretisch! – in alle Richtungen gehen. Nach links, nach rechts, vor und zurück. Das ist sehr verwirrend. Aber wunderbar ist es auch. Zeit ist nämlich immer – und die alten Mystiker wussten das auch ohne Quantenphysik – Gleichzeitigkeit. Wir leben schon so lang im Gefängnis der Zeit, dass wir es für unsere Heimat halten. Es wird also gar nicht leicht sein, uns selbst daraus zu entlassen. Aber als kleine Vorbereitung auf die Freiheit können wir versuchen, Zeit anders zu buchstabieren. Und bei den Sätzen keinen Punkt zwischen Zukunft und Vergangenheit mehr zu machen. Zeit ist ein Spiel unseres Bewusstseins, mit Feldern, wie ein Schachbrett sie hat. Bald schon werden wir uns beliebig auf allen Feldern bewegen.

Wir fangen gerade an, Bürger im Weltraum zu werden. Wir müssen auch anfangen, Zeitbürger zu werden. Es gibt einen Nationalismus des Raums, und es gibt einen Nationalismus der Zeit. Aber Zeit ist ein Luftballon …

Entweder vergeht sie zu langsam – oder zu schnell. Sie kommt einmal zu spät, sie kommt einmal zu früh, sie hält uns immer zum Narren. Ich kenne nichts Unpünktlicheres als die Zeit. Haben Sie auch so viel Ärger mit ihr?

Da ist, zum Beispiel, der Kalender. Er stimmt einfach nicht. Der Kalender ist eine Fälschung. Oder sind Sie so alt, wie

Sie sind? Na bitte! Kein Mensch beginnt sein Leben als Kind und beschließt es als Greis. Waren Sie nicht eben noch vierzig und sind jetzt siebzehn, neunzig oder acht? Wie Planeten um eine Sonne, drehen sich die Jahre um uns. Zeit ist ein Tanz.

Überlassen Sie sich seinem Rhythmus! In jedem Jahr sind alle Jahre Ihres Lebens enthalten. Was sich verändert, ist die Beleuchtung. Ihre eigene Aufmerksamkeit. Wir müssen die Jugend nicht zurücksehnen, sie hat uns niemals verlassen. Wir müssen das Alter nicht mit Angst und Sorge erwarten, denn es war immer schon da. Zeit ist keine Folge von Ereignissen, sondern von Wahrnehmungen. Kein äußerer, sondern ein inwendiger Prozess.

Haben wir das begriffen, fällt sie uns leicht wie der Atem, dürfen wir den eigenen Herzschlag vergessen. Welche Bedrohung könnte die berüchtigte Midlife-Crisis noch für uns sein? Das ist, als würden Sie sich vor der Mitte des mehr oder weniger spannenden Romans fürchten, den Sie gerade lesen. Als wollten Sie seine Lektüre auf den Anfang beschränken und lieber nicht wissen, wie die Geschichte weitergeht.

Wer versucht, die eigene Jugend zu prolongieren, gleicht diesem ängstlichen Leser. Er verbeißt sich in ein Kapitel und weigert sich, das Buch seines Lebens umzublättern. Aber so wird er nichts verstehen, am wenigsten sich selbst, und am Ende verwirrt, unbefriedigt und zutiefst deprimiert sein.

Sind Sie zufällig gerade in der Mitte Ihres Lebens? Dann hören Sie bitte nicht auf, neugierig zu sein. Und wenn es schon beinahe aus ist, erst recht nicht! Das Abenteuer ist nicht zu Ende, das ist es nie. Am interessantesten, am überraschendsten, am schönsten ist, wie im Theater, der dritte Akt. Außer natürlich, Sie sind an einen schlechten Autor geraten. Das wollen wir aber nicht hoffen, denn die Autoren unserer Schicksalskomödie, unserer Schicksalstragödie, sind immer wir selbst. Oder doch nicht?

Was der Erde für diesen dritten Akt – andere dritte Akte werden zweifellos folgen, aber wir sind dann nicht mehr auf der Bühne – einfällt, ahne ich. Später versuche ich ein paar Szenarien. Doch immer mit dem wichtigsten Zeichen, dem Fragezeichen, versehen.

Wir sind also verantwortlich für unser Schicksal – und sind es nicht. Sie wissen schon, die Quantenlogik. Wahrscheinlich entscheidet die Ganzheit, deren Teile wir sind. Entscheidet wohl auch über die Stunde des Todes.

Trotzdem möchte ich Ihnen, wenn Sie erlauben, ein paar Ratschläge für den dritten Akt geben. Eine Dramaturgie der Zeit, die ein Geheimnis ist und ebenso wenig messbar wie der Traum.

Sie schrumpft nämlich, und sie dehnt sich gleichzeitig aus. Ein Paradoxon. Das Schrumpfen der Zeit erzeugt Angst und die Ausdehnung Langeweile. Langeweile und Angst, das ist eine verflixte Mixtur. Sie vergiftet Seele und Leib. Man möchte die Zeit festhalten und vertreiben zugleich und gerät in einen Zustand panischer Lähmung.

Die Zeit, sagten wir, schrumpft. Tatsächlich scheint sie im letzten Lebensdrittel schneller und immer schneller zu vergehen. Dies kommt daher, dass unsere Tage allmählich nur noch Wiederholungen sind. Früher taten wir alles zum ersten Mal – heute beinahe nichts mehr. Beruf und privates Leben sind zur Routine erstarrt. Die Tage, die Jahre gleichen einander, wir bemerken sie kaum. Die Zeit läuft leer. Darum vergeht sie so schnell, darum vergeht sie so langsam. Aber es gibt ein Mittel dagegen, einen Zauber. Wenden Sie ihn an, und Sie sind erlöst. Treten Sie aus der Zeit! Sie tun es, wir alle tun es bereits im Schlaf und im Traum. Tun Sie es wachend! Zeit ist eine Eigenschaft der Erde. Eine Eigenschaft Ihrer Person. Kann man Eigenschaften verändern? Den Versuch ist es wenigstens wert.

Ich erkläre es anders: Im Theater ist nach dem zweiten Akt gewöhnlich die Pause. Das Licht auf der Bühne geht aus, und im Zuschauerraum wird es hell. Wir verlassen das Drama, wir verlassen sogar den Zuschauerraum. Zwischen dem zweiten und dritten Akt sind wir privat.

In der Pause treten wir aus dem Spiel. Oder der Zeit. Sind jetzt wir selbst und sonst nichts. Das Selbst, wie die Inder den geheimsten Teil in uns nennen, ist zeitlos und frei von allen Spielen. Das ist natürlich Metaphysik, und Metaphysik ist dem Menschen natürlich. Der Spieler ist mehr als der Spieler, der Zuschauer mehr als der Zuschauer, der Mensch mehr als der Mensch. Gilt das auch für die Erde? Wer sich, seiner selbst inne geworden, nun wieder der Zeit, dem Spiel, dem dritten Akt überlässt, steht über dem Spiel und der Zeit. Ist drinnen und draußen, im Theater und außerhalb des Theaters zugleich. Er lacht über die Komödie, weint über die Tragödie, und zugleich weiß er, dass es nur Tragödie und Komödie ist. Nur Theater, und das Wichtigste am Spiel ist die Pause.

Zeit ist Spielzeit. Auch die Erde spielt, und es gibt eine irdische Pause. Läutet der Tod sie ein? Nicht als Ende. Der
Tod ist, wie die Kelten erkannt haben, die Mitte des Spiels.
Darum möchte ich Ihnen in einem späteren Kapitel alles
erzählen, was ich über sie weiß. Sie sind unsere Ahnen, unsere Vergangenheit, und noch immer gegenwärtig in unseren Genen. Und ihrer Mutter Gaia sind sie ähnlicher als deren andere Kinder. Ich halte die Menschen nicht für
Ebenbilder Gottes, das wäre eine zu große Beleidigung.
Aber die Kelten? Sie sind Ebenbilder der Erde.

Krieger und Poeten, friedlich und wild. Begleiten Sie mich
in den Garten? Er ist das Schäferstündchen der Erde mit
Pan, und er feiert ihre Liebe mit seiner Flöte. Sie können sie
im Gesang der Vögel hören, im Summen der Bienen, in
Donner, Regen und Sturm.

Einmal, nur ein einziges Mal, sah ich ihn. In der Mittags-
stille des Sommers und mit den heimlichen Augen, die ich
im Hinterkopf habe, und Sie wahrscheinlich auch. Er saß
mitten in meinem Gemüse, und eins seiner Beine war vom
Ziegenbock. Trotzdem nicht schwarz, sondern rosa, und
das verwunderte mich. Nein, Traum war es keiner. Mich
umzudrehen, wagte ich nicht, und so blieben wir eine Wei-
le. Ich weiß nicht, ob er mich wahrnahm. Aber ich weiß
seither, dass es ihn gibt.

Wenn die irdische Liebe, wie man sagt, ein Eingang in die
himmlische ist, könnte der Garten uns nach Eden führen,
das – aus dem Hebräischen übersetzt – *Wonne* heißt.

WIE WIRD MAN EIN GARTEN?

Die Erde ist ein Planet, der träumt. Ein Planet, der blüht. Das ist so schön, dass unser Herz es nicht fasst. Es müsste sonst Tag und Nacht jubeln.

Ein Geringes vom Herzblut ging in die Gärten ein, die Jehova zu verfluchen vergaß. So essen wir dort in der Freude unseres Angesichts unser Gemüse, und die Erde, aus der wir sind und zu der wir wieder werden, leuchtet von Ringelblumen, duftet nach Minze und Thymian.

Entweder Sie haben einen Garten, oder Sie werden einer, oder Sie sind es schon. Wichtiger, als einen Garten zu haben, ist es, einer zu werden oder zu sein. Je nachdem können Sie den folgenden Text praktisch lesen, symbolisch oder beides zugleich.

Unser Herz zäunt ihn ein. Wie weit er noch vom Paradies entfernt ist, lässt sich nicht sagen, da die Entfernung in jedem Augenblick eine andere ist. Das Herz ist unstet und närrisch. Wie wäre es sonst möglich, dass wir in der Wildnis vom Garten träumen, während uns im Garten die Sehnsucht nach der Wildnis verzehrt?

Mein Garten war beides. Zahm und wild, Zaun und Zaunlosigkeit. Die Heilkräuter, die Würzkräuter, Erdbeeren, Rhabarber und Gemüse wuchsen, von einem Holzzaun beschützt, direkt vor der Küche. Aber die Himbeeren, die

Brombeeren, die Stachelbeeren gleich hinter den Erbsen waren frei. Und gefährdet. Denn sie schmeckten dem Rehbock so gut wie uns selbst, die wenigstens die Blätter am Strauch ließen. Aber zu einem Garten, der sich mit der Wildnis vermählt, gehören auch Hirsch und Reh, gehören Wühlmäuse, Schlangen und überhaupt jegliches Getier.

Busch und Baum, Unkraut und Kraut, Fisch, Vogel, Wurm und die anderen Tiere – sie gehören zu uns, wie wir zu ihnen gehören, und gemeinsam sind wir der Garten. Viel schöner, als einen Garten zu haben, ist es nämlich, ein Garten zu sein. Oder vielmehr zu werden, denn das ist ein langer Weg, auf den uns vielleicht Gott geschickt hat. Nur steht davon nichts in der Bibel.

Der Weg des Gartens bedeutet, die Erde zu hüten und zu behüten. Wer ihn geht, muss sein Herz – und auch sonst beinahe alles – auf den Kopf stellen. Die Erde ist nicht, wie wir immer glaubten, für den Menschen gemacht. Er ist einfach ein Teil von ihr, und gewiss nicht der beste.

Dass er sich allen Ernstes für die Krone der Schöpfung hält, wirft nicht nur ein sonderbares Licht auf seinen Verstand. Es beweist auch, dass er von dieser Schöpfung nicht allzu viel hält. So ist es kein Wunder, dass er ihr überall mit der größten Missachtung begegnet.

Der erste Schritt auf dem Weg zum Garten ist das Verlernen der Herrschaft. Wir haben uns die Erde so lange untertan gemacht, bis sie krank wurde, und wir ihre Krankheit. Darauf waren wir dann sehr stolz. Aber vielleicht betrachtet jede Krankheit die Zerstörung des Körpers, den sie befällt, als persönlichen Sieg. Das ist durchaus logisch.

»Du tust den Menschen zu viel Ehre an«, sagt mein lieber Freund, der Geologe und Paläontologe Fritz Steininger. »Die Erde kratzt das nicht. Die Menschen rotten sich nur selber aus.«

Aber die Tiere auch, und mit welchem Recht herrschen wir über sie? Wir haben allen Grund, ihnen – wie auch den Pflanzen – zu dienen. Verdanken wir ihnen nicht unser Leben? Sie aber verdanken uns nichts außer ihren qualvollen Tod. Denn über jede Notwendigkeit hinaus verstümmeln wir sie, vergiften wir sie, rotten wir sie aus. Das nennen wir Forschung, das nennen wir Wissenschaft, das nennen wir Fortschritt, und darauf sind wir sehr stolz.

Ich bin nicht stolz darauf, ein Mensch zu sein. Ich schäme mich dafür, und ich glaube, dass es heute schon vielen wie mir ergeht.

Der zweite Schritt auf dem Weg zum Garten ist das Ablegen der Maßlosigkeit. Wir brauchen so wenig, und wir verlangen so viel. Was rechtfertigt unseren Anspruch auf den alltäglichen Überfluss? Einen Überfluss, der uns weder gescheiter noch glücklicher macht, sondern bloß, wie alles Überflüssige, unser Leben verstopft, unseren Raum, unsere Zeit. Ein Garten genügt für die Nahrung des Leibes, und wer ihn mit Liebe bestellt, dem nährt er auch Seele und Geist.

Denn auf dem Weg zum Garten ist Liebe der dritte Schritt. Sie allein bedeutet Selbstverwirklichung, Ausweitung des Bewusstseins, Transzendenz. Wer einen Garten hat und auf dem Weg ist, selbst einer zu werden, braucht keinen Guru, keinen anderen Lehrmeister mehr.

Der Garten lehrt uns die Jahreszeiten und auch, dass ihr Rhythmus in allen Gewächsen ein anderer ist. Vom Schnittlauch lässt sich nicht auf die Buschbohne schließen, und von der Buschbohne nicht auf den Kohl. Zeit scheint also nicht allgemein, sondern etwas ganz Persönliches, ja geradezu Intimes zu sein. Und so wenig homogen wie der Raum. Warum sonst gedeihen Kirschbäume nicht, wo Wasseradern sich kreuzen, meidet der Flieder den Ort, der dem Holunder gefällt?

Und erst die Ameisen! Jeder vernünftige Mensch siedelt, in Erwartung eines rheumatischen Alters, beim Garten einen Ameisenhaufen an. Aber wie so ein Haufen sich anstellt! In einem fort zieht er um wie ein griesgrämiger Untermieter, dem es keine Wirtin recht machen kann. Man kommt aus dem Suchen nicht mehr heraus und wird ganz nervös, bis er endlich eine schöne Störzone gefunden hat, die ihm zusagt. Dann hält man jeden Morgen vor Sonnenaufgang die Arme hinein und wartet, bis es kribbelt.

Was lehrt der Garten uns noch? Zum Beispiel, dass auch das Gemüse – und darin liegt ein gewisser Trost – nicht sehr viel vollkommener ist als der Mensch. »Liebe deinen Nächsten wie dich selbst«, das ist bei Kraut und Rüben, ganz wie bei uns, kaum mehr als ein frommer Spruch. Natürlich gibt es Nächste, die einem auf der Stelle sympathisch sind wie der Lauch den Karotten und Zwiebeln. Auch schwärmen die Gurken für Bohnen, und Erdbeeren und Knoblauch vernarren sich geradezu ineinander und gehen lauter glückliche, wenngleich bisher kinderlose Ehen ein.

Aber der Knollenfenchel! Ein eigenbrötlerischer Querkopf, der überhaupt niemanden leiden kann. Am besten, man macht einen großen Bogen um ihn. Das tun auch die Herren und Damen Gemüse, obwohl manche von ihnen – wie Paprika und Paradeiser – sich selbst in ihren Beeten aufführen wie die Axt im Wald. Heimlich unter der Erde, damit keiner es sieht, scheiden sie besonders widerwärtige Substanzen aus. Nur, um ihre Nachbarn zu ärgern, was ihnen ohne Zweifel gelingt. Die Erdäpfel streiten sich mit dem Dill, die Zwiebeln mit den Erbsen, und einige Moose bringen sich überhaupt gegenseitig um.

Kurz und gut, es geht zu wie bei uns daheim. Und das ist, obwohl traurig, eine Beruhigung. Wir sind eben alle noch auf dem Weg, ein Garten zu werden, auch wenn wir schon einer sind.

Trotzdem ist alles Wurzelwerk uns überlegen. Denn es nährt sich, statt von Gulasch, hauptsächlich von Wasser und Licht. Wir aber fressen Leichen wie der Geier und der Schakal, die sich wenigstens mit dem, was ohnehin tot ist, begnügen. Hingegen ermorden wir frisch, was uns schmeckt, bereiten es kunstvoll zu und machen, während wir es verzehren, entweder Geschäfte oder schöngeistige Konversation. Und die Lehre des Gartens zu diesem traurigen Thema? Bescheidenheit, würde ich sagen. Wir haben nicht das geringste Recht, hochmütig gegenüber Brennnesseln zu sein.

Da sind wir schon bei der Lehre von Unkraut und Kraut, vielmehr bei der Irrlehre und ihrer Überwindung. Uns als Maß aller Dinge wähnend, haben wir diese törichte Einteilung gemacht und halten aus mangelndem Schamgefühl daran fest. Wenn die Mäuse, die Schafe, die Blumen uns in Menschen und Unmenschen einteilen wollten, was käme dabei heraus? Und wir haben, weiß Gott, keinen Grund, Kräutern ihr Krautsein abzusprechen, bloß weil sie uns nicht schmecken oder unseren Bäuchen nicht zuträglich sind. Die ganze Welt, ich erwähnte es schon, ist nicht da, damit wir sie essen.

Dabei schmecken Brennnesseln, Sauerampfer und Löwenzahn einfach köstlich. Auch verbessern sie den Boden, schützen ihn vor Abschwemmungen und pumpen versickernde Nährstoffe hoch. Ohne Unkraut kein Kraut! Natürlich muss man ein bisschen jäten, obwohl es auch da schon geteilte Meinungen gibt. Aber nicht so verbissen, nicht so radikal und nur dort, wo die kleinen Setzlinge und Sämlinge sonst nicht gedeihen. Die meisten Leute werden schon beim bloßen Anblick der sogenannten Unkräuter rabiat. Wütend stürzen sie sich auf sie wie auf leibhaftige Feinde. Wie menschlich!

Wie unverschämt menschlich, etwas nur darum auszumerzen, weil man persönlich es für unnütz hält. Sind wir Herr über Leben und Tod? Wir sind es nicht. Sind alle Gäste der Erde. Nur Gäste! Und wäre ich die Erde, ich würde uns nie wieder einladen. Von jeder anderen Party hätte man die menschliche Rasse – so, wie die sich benimmt – schon längst in Handschellen abgeführt. Wir müssen lernen, anders zu denken, anders zu fühlen. Wer die Welt immer noch in Kraut und Unkraut einteilt, hat sie schlicht nicht verstanden.

111

Hat nicht verstanden, dass die Vielfalt der Erscheinungen einem einzigen und unteilbaren Sein entspringt. Denn das ist die nächste Lehre des Gartens, dass alles mit jedem zusammenhängt und dass nichts allein existiert, weder über noch unter der Erde. Sonne und Mond, Wolken, Wasser und Wind vermählen sich in unserem Garten, ja der ganze Himmel ist in ihm enthalten. Praktisch essen wir die Sterne im Salat, wenn auch zum Glück nicht die ganzen.

Mir ist es jedes Mal peinlich. Immerhin, der Spinat isst nicht mich. Ich esse ihn. Das ist einseitig und ungerecht. Also entschuldige ich mich, wenn ich ihn oder seine delikate Verwandtschaft pflücke. »Tut mir leid, dass ich so hungrig bin«, sage ich. »Und du schmeckst unwiderstehlich. Aber sei nicht traurig, liebe Karotte, oder was immer. Es gibt sowieso keinen Tod, es gibt nur die Verwandlung. Und du verwandelst dich jetzt in eine Buch- und Komödienschreiberin. Gewiss, Shakespeare wäre interessanter. Aber glaub mir, es gibt noch viel Schlimmeres, als die Lotte Ingrisch zu werden. Denn ich bin fast immer fröhlich. Außerdem ist es für eine Gurke oder ein Radieschen vielleicht sogar eine gewisse Karriere?

Nun ja, nicht wirklich. Meine Geschäfte gehen schlecht. Aber eine Abwechslung, möglicherweise eine angenehme, ist es bestimmt. Oder hättest du als Dillkraut Giordano Bruno gelesen, Paracelsus als Tomate und Agatha Christie als Zwiebel? Im übrigen habe ich die Welt nicht gemacht.

Aber da bin ich nicht sicher. Denn während ich die hübschen Pflänzchen, die eben noch so lebendig waren, ins kochende Wasser werfe, beschleicht mich der Verdacht, dass ich sie am Ende doch gemacht habe, die Welt. Meine. Denn natürlich gibt es unendlich viele. Aber für diese Welt, in der eins das andere frisst, bin ich voll verantwortlich. Zuerst waren wir alle Prokaryonten, also Bakterien, und lebten vom Licht. Dann sind wir Eukaryonten geworden, also Menschen und andere Tiere, und das große Fressen fing an. Die Zellen, aus denen wir jetzt bestehen, sind auf Raub und Mord programmiert.

»Energiefelder«, tröste ich mich selbst. »Was wir für Gemüse, Gänsebraten oder die Ingrisch halten, sind in Wahrheit Energiefelder. Völlig immateriell. Wenn eins ins andere übergeht, na und? Mahlzeit!«

Trotzdem wäre ich viel lieber ein Baum, langsam wachsend, während das Licht in mir kreist. Was ist dagegen ein Mensch? Betriebsam, gefräßig, und kein Vogel baut auf mir sein Nest. Wir sind nicht von Blüten erfüllt und von Gesang, und unsere Früchte, wenn wir überhaupt welche tragen, verkaufen wir um teures Geld. Bäume, so sagt man, darf man um ein Geschenk bitten. Das habe ich einmal getan.

Der alte Kirschbaum vor meinem Fenster gehört zum Garten, auch wenn er jenseits des Zaunes steht. Aber ich glaube sowieso nicht an Zäune. Im Laufe der Jahre entwickelte sich so etwas wie eine Freundschaft zwischen uns. Ich begann, mit ihm zu reden. Besonders nachts, wenn die Sterne des Nordhimmels in seinen Zweigen hängen. Einmal, als gerade die Sonne aufging, weckte mich eine Nachbarin. Mea-Mea, unser blauäugiger Kater, lag sterbend am Straßenrand. Es gibt Autofahrer, die wegen jedes Schmetterlings bremsen. Ich liebe sie. Aber die anderen, die Mörder, sind in der Überzahl. Der Tierarzt machte mir wenig Hoffnung.

Als es so weit war, lag ich neben Mea-Mea auf dem Fußboden meines Zimmers. Er schien noch einmal aufzuwachen und mir viele Dinge, und lauter liebe, zu sagen. Seine Stimme war hell wie ein Glöckchen. Dann wurde er auf seiner kleinen Decke kalt und steif. Da bin ich zum Kirschbaum gelaufen, hab ihn umarmt und um ein Geschenk seiner Kraft gebeten. In meinen Händen brachte ich sie dem Kater, berührte die Luft über seinem Körper und dann, ganz zart, sein Fell. Das Wunder geschah, und es geschah plötzlich.

Was wissen wir schon von Bäumen, was wissen wir überhaupt? Ich lächle nicht über unsere Vorfahren, die Bäume für heilig hielten. Eher schon weine ich über uns und unsere Industriewälder, den Massenmord des Kahlschlags, der chemischen Vergiftung. Über die unheilige menschliche Geldgier.

Ein anderer hoher Herr im Garten, ein Zauberer, ist der Holunder. Alte Leute ziehen noch immer vor ihm den Hut. Ich selbst unterlasse es nur, weil ich keinen besitze. Der Holunder ist eine Pforte in die andere Wirklichkeit, die Seele der Erde. Der Schlüssel allerdings, der sie öffnet, wächst in unserem eigenen Herzen und heißt Fantasie. Fantasie ist unser zweites Augenpaar, Fantasie ist der Regenbogen zwischen den Welten, Fantasie ist die Droge der Drogen. Ohne Gewalt öffnet sie unser Bewusstsein wie das Licht die Knospe der Rose. Wenn bei Vollmond der Holunder mit seinen Zweigen an mein Fenster klopfte, stand ich auf und ging, wohin er mich führte.

Manche Leute haben Feen in ihrem Garten entdeckt, und das ist keineswegs überraschend. Überraschend ist vielmehr, dass wir uns daran gewöhnt haben, sie nicht mehr zu sehen. Eine schlechte und überaus langweilige Angewohnheit, die wir schleunigst ablegen sollten. Denn sie sind die Seelen der Gärten. Und bewirken vielleicht, dass wir in unserem nützlichen Garten das Paradies aufblitzen sehen, und sei es auch nur einen Amselschlag lang. Denn gleich darauf vertreibt uns das Problem der Wühlmäuse und Schnecken.

Ein guter Pflanzenhirte zu sein, ein liebreicher Gärtner, ohne zu töten, ist verflixt schwer. Ich persönlich habe, je älter ich werde, immer mehr gegen Mord. Also warum, frage ich, sollen die Schnecken nicht auch Salat essen? Er ist gut und gesund. Und Wühlmäusen macht man sich unsympathisch mit leeren Weinflaschen. Es genügt, sie hälslings in die gefährdeten Beete zu stecken, und schon verlässt der Scherer beleidigt den Garten.

Es gibt noch einen Mord, einen langsamen. Aber nur wenige werden ihn so bezeichnen. Ich spreche vom Pflücken der Blumen und weiß, dass viele Leser sich jetzt so verärgert von mir abwenden werden wie die Wühlmäuse von der Flasche. Denn Blumen sind dazu da, sterbend unsere Zimmer zu schmücken.

Nein, sind sie nicht! Ihre Wurzeln gehören unter die Erde, ihre Köpfchen zur Sonne und ihr Duft in den Wind. Vielleicht gehört ihre Schönheit wirklich in unsere Augen, obwohl das eine sehr egozentrische Vorstellung ist. Denn sicher haben Wolke und Tau auch ihre Freude an ihnen, von den Hummeln, den Bienen, den Käfern zu schweigen. Und keines von ihnen schneidet sie ab und trägt sie als Beute davon. »Stimmt nicht«, sagt Fritz Steininger. »Was, zum Beispiel, ist mit den Blattschneider-Ameisen? Und so weiter.« Ach ja. Ekelhaft, diese Eukaryonten.

Ich stelle mir vor, dass Tulpen und Lilien sich gegenseitig zum Essen einladen. Sie suchen sich ein paar nette Menschen aus, die einigermaßen gut riechen, brechen sie an der Hüfte ab, wickeln sie in Seidenpapier und bringen sie höflich den jeweiligen Gastgebern mit. Absurd? Nicht absurder als unsere Blumensträuße im gläsernen Wassergrab. Nicht absurder als der alljährliche Massenmord, den wir Valentinstag nennen.

Einen besonders wichtigen Gartenherrn, obwohl er eigentlich etwas außerhalb wohnt, habe ich noch nicht erwähnt. Sowieso sind seine besten Jahre – das waren die Siebziger oder Achtziger, als er wie alle Stars im vollen Licht der Öffentlichkeit stand – leider vorbei. Ich meine den Kompost, und meiner hieß August. Der Kompost muss einen Namen haben, denn er ist eine Person. Als solche darf man ihn auch nicht unwürdig behandeln. Ich kenne zwar Leute, die füttern den ihren mit gebrauchten Papiertaschentüchern und Zeitungen, die er sicher nicht liest. So etwas würde ich niemals tun. Obwohl ich, das gebe ich zu, im ersten Jahr etwas übertrieb.

Es war mein Honigmond mit August, und ich war, was Komposthaufen betrifft, völlig jungfräulich. Er bekam nur das Beste vom Besten, lauter Leckerbissen, und manchmal einen Schluck Wein. Auch Tee trank er gern, und natürlich bemühte ich mich um eine offene, herzliche Konversation. In meinem Eifer machte ich ihn auf allen Gesellschaften, die ich besuchte, zum Gesprächsthema Nummer eins. Viele Menschen begannen, mich zu meiden. Was tat es? Ich hatte ja August, und er war immer für mich da.

Bis der Schnee fiel und wieder schmolz. »Wach auf«, sagte ich zum Garten. »Jetzt kommt August! Mit ihm wirst du bestimmt glücklicher als mit den alten Kuhfladen sein.« Doch August kam nicht. Auch unter den Menschen gibt es Spätentwickler. Trotzdem fühlte ich den Schmerz der Enttäuschung, als ich mit dem Schubkarren vor ihm stand. August, mein August, war nicht reif geworden. Dabei hatte ich ihn so gut behandelt …

Gut, aber falsch behandelte ich auch die grünen Raupen, die im Herbst scharenweise in die Stube kamen. »Ihr Armen«, sagte ich, »habt euch sicher verirrt. Wartet, ich werde euch helfen.« Tagelang klaubte ich sie mühsam vom Plafond und den Wänden, setzte sie behutsam auf die letzten Salatblätter im Garten. »Bist du verrückt?«, fragte ein Gast. »Sie werden alle erfrieren.« So war es. Seither weiß ich, dass Schmetterlinge, auch wenn sie noch keine sind, im Winter in die Stube gehören.

Und im Sommer auf eine Wiese voller Blumen und Disteln. Wie schrecklich, all die Pracht zu scheren wie den Lockenkopf einer schönen Frau. In der Natur nennt man solche Glatzköpfe dann Englischer Rasen und jammert über die Arbeit, die man mit ihm hat. Einmal im Jahr, höchstens zweimal! Außer, man ist eine Ziege oder ein Schaf, dann ist alles erlaubt. Allerdings schmecken denen auch Rosen, und überhaupt haben sie vor Gartenzäunen wenig Respekt. Aber man muss eben zulassen, wie eins sich ins andere verwandelt. Nur als der Flieder sich in Bocki Meckertier, einen reizenden kleinen Ziegenbock, verwandelte, hat mein Mann ganz unphilosophisch getobt.

Trotzdem, auch dies ist eine Lehre des Gartens. Die Rehe kommen, knabbern die Rinden der Bäume ab, und der Bock schabt an ihnen sein Geweih. Dann komme ich mit Baumwachs und Baumteer und bestreiche die Wunden. Dann kommen wieder die Rehe, und dann wieder ich. Das ist ein natürlicher Kreislauf. Denn noch ist unser Garten nicht Eden, trennen wir Baum und Tier, Lust und Schmerz, Leben und Tod.

Dabei kommen beide einander im Garten so nahe. Wer ihn offenen Geistes bestellt, verfällt nicht länger den beiden Irrlehren des Abendlands: Fortschritt und lineare Zeit. Nichts schreitet ja fort und geradeaus. Alles dreht sich in Kreisen, von denen keiner ganz dem anderen gleicht. Denn Zeit ist, am sichtbarsten vielleicht im Garten, ein Tanz.

Der Himmel dreht sich, es drehen sich die Jahreszeiten, Blühen und Verwesen, Samen und Frucht. Unvergänglich ist die Vergänglichkeit, und Leben und Tod entsteigen einander wie Vögel ihren Schalen. Wie der Mensch, ist der Garten – ist die ganze Erde! – tot und lebendig zugleich.

Gibt es etwas Schöneres, als in einem Garten begraben zu sein? Ist doch eins ein Gleichnis des anderen, der Garten ein Grab und das Grab ein Garten. In beiden feiert das

Leben seine Auferstehung aus dem Tod. Dasselbe Leben? Wir fragen es, solange wir noch nicht wissen, dass es nur ein einziges Leben gibt, von dem wir ein Teil sind und das Ganze zugleich.

Wer es erfährt, zieht keinen Zaun mehr um seinen Garten und keinen Zaun mehr um seine Person. Er betrachtet das Entstehen und Vergehen der Formen, das wir Zeit nennen. Und während er die Zeit betrachtet, hört die Zeit auf zu sein.

Das Grab, das mein Grab werden sollte, hat keinen Zaun. Zwei Birken behüten es, eine Heckenrose und eine Weide. Anstelle eines Kreuzes steht ein kleiner alter Kinderschlitten darauf, mit den Kufen nach Osten. Denn obgleich alle Reisen inwendig sind, verlangt unser Herz noch nach Bildern. Dieses Grab trägt keinen Namen, denn auch Namen sind Zäune. Doch ist es nicht leer. Ich hätte, wäre ich eingezogen, schon Gesellschaft gehabt. Drei Kater! Wui-Wui, goldäugig und schwarz. Gemeinsam verteidigten wir das Revier, trösteten einander, und im Zustand jenseits aller Zustände verstand ich seine Sprache, war er mein Prinz. Pelzchen, zärtlicher Tiger mit schwarzen Strümpfen, und er putzte mich jeden Tag. Mümmy, der Einfachheit halber auch Mumbudukubumbuwu gerufen, der wie ein Stubenmädel aussah, schwarz-weiß, und mir immer entgegenkam. Bei Regen, bei Eis und im hohen Schnee. Ihn kratzte ich mit der Spachtel von der Straße, die alle geholt hat. Auch das schöne, schüchterne, leidenschaftliche Sabinettchen, eine grünäugige Katze, deren Leib ich nicht mehr fand. Doch ihr Geist kehrte gewiss heim. Auch ein rotes

Eichhörnchen begrub ich dort, das ich nicht mehr retten konnte, so sehr ich es auch versuchte. Es schrie, obwohl es schon ein älterer Herr war, wie ein Kind und starb zuletzt friedlich in meinem Apfelkorb. Schneeflöckchen mit den traurigen Augen und die Taube Elfriede Pipsian, die nachts in meiner Armbeuge schlief und um die ich so bittere Tränen vergoss.

Wir hätten alle auf dem kleinen Kinderschlitten Platz gehabt. Gott Pan würde die Flöte blasen, wenn wir zum letzten Mal durch den Garten fahren, über Blumen und Schnee. Schneeflöckchen, Mea Mea und die dreifarbige Glückskatze Dudelinchen schauen uns nach, denn Katzen sehen Gespenster. Mein Mann auch, wenn er dann noch da wäre. Aber sind wir nicht immer zugleich da und dort? Wir winken einander zu, so, als nähmen wir Abschied. Das ist natürlich nur ein Spiel, das wir spielen. Das Spiel von Blumen und Schnee.

Doch es kam alles anders. Sankt Kringel, wie mein Mann unser Rindlberg liebevoll nannte, mussten wir verlassen, und wir zogen in anderen Gärten ein, in denen wir wieder andere Katzen begruben. Dann begrub ich meinen Mann und ließ mich allein in neue Gärten treiben, kleine Ebenbilder der großen Erde. Spiegel, aus denen sie mich anlächelt, und ich lächle zurück. Ein sich in Gärten offenbarender Garten.

Kommen wir je an sein Ende? Die Enden sind alle in unserem Kopf. Wir müssen nur eine passende Gelegenheit finden, ihn zu verlieren. Dann nämlich ist der Garten, wie wir selbst auch, unendlich.

FRAU ERDE SCHLÄFT,
FRAU ERDE TRÄUMT

Das Zwischenreich der Träume liegt zwischen Leben und Tod, dem Dies- und dem Jenseits, beide trennend und verbindend zugleich. Während Licht auch als Materie erscheinen kann, ist die Dunkelheit des Traums immateriell. Eine in allen Farben der Edelsteine leuchtende und funkelnde Dunkelheit, die uns hinter geschlossenen Lidern verzaubert und schreckt.

Liegen die Abgründe des Traums, jene unter- und vielleicht auch überirdischen Welten, innerhalb oder außerhalb Ihrer selbst? Darüber gehen die Meinungen auseinander, doch gibt es zwischen Außen und Innen wahrscheinlich weder Unterschiede noch Grenzen. Die Landschaften des Traums sind so real wie die vor Ihren Fenstern, und die Wesen, die Ihnen dort begegnen, auch.

Jede Nacht steigen Sie also eine geheimnisvolle Treppe hinunter und wieder herauf. Leider erinnern die meisten Leute sich, wenn überhaupt, nur an die erste Stufe, wo der Tag gerade zu Ende geht oder beginnt. Auf dieser Stufe geht es konfus und langweilig zu. Sie können die Deutung dessen, was dort geschieht, getrost den Psychoanalytikern überlassen. Es ist sowieso uninteressant.

Die tieferen Stufen der Traumtreppe allerdings führen Sie

in eine völlig andere Welt. Ich selbst habe das Glück, mit ihrer Geographie schon ein wenig bekannt zu sein. Zum Beispiel gibt es ein jenseitiges oder Spiegel-Wien, in dem ich oft herumwandere. Es unterscheidet sich nur geringfügig von der täglich vertrauten Stadt. Ich habe drei Wohnungen, meine Lieblingsplätze, meinen Bäcker, meinen Markt. Ich treffe die Toten dort, treffe sie wirklich, und das können Sie auch. Ohne Zweifel tun Sie es längst und haben es nur vergessen.

Ich verrate Ihnen, wie man die Schätze aus der Tiefe der Nacht beim Aufstieg in den Morgen mitnehmen kann. Sie müssen sich während des Tages immer wieder fragen, träume ich? Oder bin ich gerade wach. Denn so sicher ist weder das andere, noch das eine. Traum ist der dritte Zustand des Bewusstseins und mit den beiden anderen, nämlich des Lebens und Todes, verwandt.

Zwischen allen dreien scharfe und gültige Grenzen zu ziehen, ist uns nicht möglich. Stellen Sie also jeweils einen Zustand in Frage, und die beiden anderen antworten Ihnen. Die Frage ist der Schlüssel, der das Tor zu Ihrer heimlichen Schatzkammer öffnet. Ein Tor mitten in Ihrem Kopf und von lauter erlernten Vorurteilen verschlossen. Zum Beispiel, dass die Träume des Schlafes von geringerer Wirklichkeit sind als jene des Wachens.

Suchen und finden Sie also geliebte Tote im Traum, Engel, Dämonen und sprechende Tiere. Sie können alle Wunder der Verwandlung erleben, ja Sie können sie sogar selbst bewirken, wenn es Ihnen gelingt, im Traum zu erwachen. Man nennt es luzides Träumen, und Sie werden ein Zauberer, eine Zauberin sein und nächtliche Welten erschaffen. Denn alles, was Sie dabei wünschen und denken, geschieht. Auf der tiefsten Stufe der Traumtreppe, dem ruhenden Punkt zwischen Abstieg und Aufstieg, betreten Sie die Null-Dimension der Ewigkeit, in der Sie allgegenwärtig sind, tot und lebendig zugleich. Kann sein, dass auf Ihren Füßen eine Lichtspur zurückbleibt und Ihre Schritte heiligt. Doch fassen können Sie die Erinnerung daran so wenig wie eine himmlische Quelle. Noch nicht …

Und die Erde? Während sie in einem Teil ihrer selbst schläft, ist sie in einem anderen wach. Wir notieren nur verschiedene Uhrzeiten und vermeiden es, am Nachmittag in Australien anzurufen, sonst wecken wir ja die Leute dort auf. Kann man die Erde auch aufwecken, wenn sie schläft? Wie sollen wir uns überhaupt ihren Schlaf vorstellen?

So ähnlich vielleicht wie unseren eigenen. Wir werden müde und gleiten in die Zustände zwischen Wachen und Schlaf, die man hypnagog und hypnoid nennt. Sie können einer Narkose ähnlich sein. Formen verschwimmen, Grenzen lösen sich auf, und man selbst gerät gewissermaßen aus dem festen in einen flüssigen Zustand. Wenn Sie mit Ihrem toten Hund oder Ehemann reden möchten, das ist die Zeit dafür. Und ich meine es nicht ironisch.

Ob die Erde beim Einschlafen mit erloschenen Sternen redet, wer weiß? Träumt sie, und wenn sie träumt – was? Uns! Die Erde träumt Menschen und Gras, Vögel, Eidechsen, Blumen. Wir alle sind Träume der Erde. Schöne und böse Träume. Wenn sie erwacht, gibt es uns nicht mehr. Aber wessen Traum ist die Erde selbst?

123

DIE ERDE IN STADT UND LAND

Auch wenn Sie sagen, dass Sie nie träumen – jede Nacht träumen Sie acht bis zehn Mal. Tun Sie es nicht, müssen Sie tagsüber träumen, was man, zu Unrecht vielleicht, Halluzinieren nennt. Wahrscheinlich träumt alles, sogar Ihr Haus, Ihr Hut, Ihr Lift.

»Materie«, sagt der Physiker und Nobelpreisträger Wolfgang Pauli, »ist mit Bewusstsein begabt. Materie kann träumen.« Er selbst hatte eine problematische Beziehung zu ihr. Besonders zu wissenschaftlichen Apparaturen. Kam er nur in ihre Nähe, stürzten sie sofort ab, und zumeist blieben sie unreparabel. Pauli war offenbar der Albtraum gewisser Maschinen.

Ich kenne das aus eigener Erfahrung, mich können auch viele nicht leiden. In Talkshows, in denen ich auftrat, verursachte ich unwissentlich und unwillentlich großen Schaden. Aufnahmegeräte, Schneidemaschinen – sie siechten bei meinem Anblick nur so dahin. Nie fand man den Fehler, die Ursache, und ich selbst hütete mich, etwas zu sagen. Was konnte ich schließlich dafür?

Eins meiner Meisterstücke, auf das ich tatsächlich stolz bin, war der große schwarze Jaguar von Georg Markus, der so amüsante Geschichtchenbücher schreibt. Unser beider Verleger lud zum Heurigen ein, den wir um Mitternacht, wir wohnen praktisch ums Eck, gemeinsam verließen. Ich stieg in Georgs Wagen, und das Licht ging aus. Er startete, und der Motor starb ab. Ich verabschiedete mich, und er fuhr mir nach. »Sie steigen aus«, sagte er, »und das Licht geht an. Ich starte, und der Motor läuft.« Argwöhnisch sah er mich an.

Was haben Maschinen und Automobile mit der Erde zu tun? Nun, sie *sind* Erde. Genau so wie das Veilchen, die Ziege, der Apfelbaum. Alles in und auf der Erde ist sie selbst. Auch unsere Häuser. »Aber Beton nicht«, wenden Sie jetzt vielleicht ein, »und bestimmt kein Atomkraftwerk!«

Aber ja! Erde in verschiedenen Zuständen. Entarteten Zuständen vielleicht. Lebendig? So lebendig und tot wie Sie selbst. Jeder von uns besteht aus etwa zehn Billiarden Zellen, die verschiedenen Arten angehören und mehr oder weniger lebendig sind. Unsere Hautzellen, zum Beispiel, sind tot. Einfach gestorben. Jeder Mensch schleppt auf Schritt und Tritt ungefähr zwei Kilo tote Haut mit sich herum, an der sich eine Billion Bakterien gütlich tun. Was das Streicheln irgendwie gruselig macht.

Fortwährend sterben irgendwelche Teile von uns, wir bemerken es nicht einmal. Ähnlich ergeht es wohl der Erde. Sie ist nicht überall gleich lebendig oder gleich tot, und sogar das wechselt. Die Erde ist, obwohl uns das nicht so vorkommt, eine äußerst unruhige Person, deren Teile sich mit unterschiedlicher Geschwindigkeit in verschiedene Richtungen bewegen. Mein geliebtes Waldviertel, zum Beispiel, war früher am Südpol, und Skandinavien gehört eigentlich zur USA.

Wir erfahren die Erde in verschiedenen Zeiten und Zuständen. Nicht nur als Berg, Baum und See. Auch als Dinosaurier oder Amöbe. Und als Eisenbahn, Laptop oder Telefon. Die Erde hat keine Fremdkörper, obwohl Menschen mir manchmal so vorkommen.

Im Wasser schaut die Erde anders aus als in der Wüste und in der Stadt anders als auf dem Land. Natürlich brütet sie nicht überall das Gleiche aus. So werden Sie in einer Kirche vergeblich nach Kamelen suchen, und in keiner Kneipe wächst Gras.

Wenn Sie sagen, dass weder Eisenbahnen noch Computer lebendig sind, nicht einmal eine Kirche, so würde ich unvorsichtig, aber gern widersprechen. Es ist wahr, keine Küchenkredenz bekam jemals Kinder, und Laternen kommen sehr gut ohne Nahrung aus. Andererseits fressen sie natürlich Strom.

Schon seit einiger Zeit unterscheidet die Wissenschaft nicht mehr genau zwischen lebendig und tot. Die Grenze lässt sich nicht mit Sicherheit ziehen. Kristalle, zum Beispiel, verdoppeln sich, bilden Muster, reagieren auf Reize. Und wer weiß, ob nicht manche Leute, obwohl sie fressen und sich fortpflanzen, in Wirklichkeit tot sind?

Ich würde gern das Träumen zum Kriterium des Lebens erklären.

Hypersphärische Erde

Nach Pythagoras sind Sphären Weltkörper, die durch ihre Bewegung Harmonie erzeugen. Sphärenharmonie, Sphärenmusik, mein Mann hat sie in seinem letzten Lebensjahr tatsächlich gehört. Ich leider noch nie.

Bernhard Riemanns »sphärischer Raum« entspricht dem Universum, das Dante in seiner »Göttlichen Komödie« beschrieben hat. Die Mathematiker bezeichnen das Dante-Riemann-Universum als sphärischen Raum oder Hypersphäre. Geht man in beliebiger Richtung immer geradeaus, kommt man zum Ausgangspunkt zurück. Könnte man daraus schließen, dass unser Universum wieder zum Urknall unterwegs ist? Eine lustige Vorstellung.

Jedenfalls, die Mathematiker verweisen auf höherdimensionale Versionen der Ebene, des Würfels oder der Kugel. In unserem Fall der Erdkugel, auch wenn sie an den Polen schon ein wenig flach ist. Sie nehmen auch an, dass sich das fragliche Objekt, also wiederum unsere Erde, in einem um eine Dimension höheren Raum befindet.

Gibt es also noch andere Versionen der Erde? Höher-, vielleicht auch tiefer-dimensional? Sind so die verschiedenen Vorstellungen von Himmeln und Höllen in den Religionen entstanden? Die fantastischen Jenseitslandschaften der Mythen?

Ist man womöglich nicht immer dieselbe Version seiner selbst? Und gerät unversehens in andere, seiner momentanen Version entsprechende Dimensionen?

Lassen wir einander Zeit, kommen wir später auf diese bizarren Möglichkeiten zurück. Denn ich fange gerade an, am Titel meines Buches zu zweifeln: »Der Leib und die Seele der Erde.« Was, wenn die Erde nicht nur viele Leiber hat, sondern jede Menge Seelen?

Am Ende Sie und ich auch?

Vielleicht nenne ich das Buch doch anders.

SPIEGELERDE

In unserem Universum könnte es, vermuten ein paar Physiker, unsichtbare Materie geben, die zwar denselben Raum wie die gewöhnliche einnimmt, aber ganz anders ist. Sie nennen sie »Spiegelmaterie«, weil ihre Links-Rechts-Symmetrie vertauscht ist.

Ich stelle mir im Spiegeluniversum gern Spiegelmenschen vor, Spiegeltiere, Spiegelbäume. Also Spiegelkatzen, Spiegelameisen, Spiegelfledermäuse. Spiegelwiesen mit Spiegelblumen. Wer weiß, vielleicht sind das gar keine Fremden. Vielleicht sind das auch wir, wir alle? Und schauen uns so ähnlich, wie wir selbst im Spiegel erscheinen. Ähnlich, aber nicht gleich. Wie wir wirklich ausschauen, wissen wir nicht.

Nehmen Sie zwei Fotografien mit Ihrem Gesicht, schneiden Sie es in der Mitte auseinander und setzen Sie es neu zusammen, zwei linke Hälften und zwei rechte. Sie haben zwei verschiedene Gesichter. Es kommt vor, dass die beiden Gesichter einander sogar widersprechen. Eins zum Beispiel ist fröhlich, das andere traurig. Wir haben eben eine widersprüchliche Natur. Bei Verbrechern sind angeblich beide Gesichtshälften gleich, aber das halte ich für ein Gerücht. Trotzdem, bevor Sie sich verloben oder Geld herborgen ... Es kann ja nicht schaden.

Dass Wirklichkeit ein realer oder irrealer Plural ist, weiß ich schon lang. Sogar aus Erfahrung, weil ich selbst manchmal von einer in eine andere verrutsche. Nicht nur ich, meinem Mann ist es auch passiert, ebenso Freunden, einer Malerin und einem Verleger. Wenn so etwas lang dauert, hat man ein Problem.

Quantenphysiker finden das völlig normal, wenigstens bei Atomen. Die können nämlich gleichzeitig an mehreren Orten sein. Das kann ich auch, obwohl ich etwas zu groß für ein Atom geraten bin. Für die mikrokosmische Welt klar erforscht und bewiesen, scheint das für unsere Alltagswelt nicht zu gelten. Häuser verrutschen ebenso wenig in andere Wirklichkeiten wie Kugelschreiber und Klaviere. Oder?

Oder! Sie tun es nämlich doch, ob wir es glauben oder nicht. Bitte lesen Sie diese Seiten ganz genau, denn hier finden Sie vielleicht einen neuen und unglaublich spannenden Aufgabenkreis. Beobachten Sie das Verschwinden und Wiederauftauchen gewöhnlicher und ungewöhnlicher Dinge!

Ich möchte mich nicht wiederholen, denn ich habe über derartige Erfahrungen schon in diesem oder jenem meiner anderen Bücher berichtet, und womöglich haben Sie es gelesen? Darum ganz kurz, Telegrammstil: 1 Suppentopf verschwindet aus der Abtropftasse und steht 4 Tage später unter meinem Bett. 1 Paar Schuhe verschwinden vom Schuhgestell und stehen 3 Wochen später wieder am alten Platz. Ebenso jede Menge Kopfkissen. Das fertige Manuskript einer Oper (»Tulifant« von Gottfried von Einem) verschwindet von einem leeren Flügel und liegt 14 Tage später, der Flügel ist noch immer leer, wieder genau da. Jahrhunderte alte englische, russische und amerikanische Münzen waren vorher nicht da, sind aber plötzlich in meiner Geldbörse, am Rand meiner Badewanne und in der Tropftasse eines Messingleuchters. Eine goldene Kette war vorher nicht da, ist aber eines Morgens auf meinem Nachtkästchen. Ein von der befreundeten Malerin Karin Schwarz gemaltes Doppelporträt von meinem Mann und mir verschwindet während eines gemeinsamen Ganges aus einer geschlossenen Rolle.

Und, und, und. Vieles habe ich sicher vergessen, anderes nicht bemerkt, und weniger spektakuläre Gegenstände wie Schlüssel, Bücher, Kämme und so weiter gar nicht beachtet. Sie kommen und gehen. Oder vielmehr, sie kommen und gehen nicht selbst. Etwas nimmt sie mit, und etwas liefert sie wieder ab. Aller physikalischen Wahrscheinlichkeit nach ist dieses Etwas ein anderes, ein Parallel-Universum. Katzen, Hunde, Menschen, Schiffe und Flugzeuge – alles Mögliche verschwindet, und nicht immer in eine andere Welt. Als ich dieses Buch zu schreiben anfing, verschwand meine kleinste Katze Kirscherl. Mitten auf dem Weg zur Jungfräulichkeit, auf einmal war der Käfig leer. Ich hab stundenlang gesucht, gerufen. Die Tierärztin, die sie kastrieren sollte, gab mir die Nummer einer Frau, die verschwundene Katzen findet, und tatsächlich! Wie Nachtwandler gingen sie und ihr Sohn die Strecke ab und sagten: »Hier!« Und da war sie, in Gebüsch und Schnee versteckt. Natürlich war ich neugierig, und sie erzählte die Geschichte. Als sie sieben Jahre alt war und im Kloster, ließen Nonnen ihre heiß geliebte Katze elend verhungern. Das arme Tierchen schrie, und dieser Schrei, vielleicht der Schmerz auch, öffnete ihr drittes Auge. Denn sie und später dann ihr Sohn wurden hellsichtig. Für den Fall, mein lieber Leser, meine liebe Leserin, dass Sie verzweifelt ihre Katze suchen – hier ist Hilfe: Ingrid und Ronny Volny, A-2201 Gerersdorf-Föhrenhain, Telefon 06 76 / 4 27 93 68.

Bevor wie einander wieder in den Spiegeln treffen, kommen wir jetzt zu den parallelen Universen, die zwar eine Theorie, aber kein Märchen sind.

DIE SONDERBARE WOLKE

L eider nicht einmalig. Wir sind leider nicht einmalig und teilen dieses Schicksal mit der Erde, ja dem ganzen Universum. Einen Singular gibt es offenbar nur in der Grammatik und nirgendwo sonst.

Was ist ein paralleles Universum? Wie jedes Universum hat es Raum und Zeit und enthält Materie. Galaxien, Sterne, Planeten, Lebewesen. Kann sein, es ist unserem nicht nur ähnlich, sondern ein Duplikat. Die Menschen dort sind vielleicht unsere Doppelgänger. Sie könnten sogar auf eine Weise mit uns verknüpft sein, die sich nur mit quantenphysikalischen Konzepten – also für Sie und mich überhaupt nicht – erklären lässt. Was uns keinesfalls abschrecken soll, wir bleiben unbeirrt neugierig.

Ob die Physiker von vielen Welten sprechen oder vielen Alternativen dieser einen, von Wahrscheinlichkeiten, die wirklich werden oder auch nicht ... Wir können nur Modelle entwerfen und interpretieren. Richtig oder falsch? Ich glaube, dass die Frage sich ebenso wenig beantworten lässt wie die, ob wir richtig oder falsch träumen. Wir träumen entweder schön oder garstig, und natürlich gibt es dafür noch jede Menge anderer Adjektiva.

Parallele Universen, bleiben wir dabei, durchdringen einander. Sie überlappen sich. Was in einem Raum existiert, existiert gleichzeitig in allen anderen Räumen. Ähnlich dem Elektron, das im Atom an vielen Orten zugleich existiert. Beobachtet man es aber, ist es auf einmal nur da oder dort. Die Körper eines Raums spuken wie Gespenster in anderen Räumen. Verschwinden und tauchen wieder auf, parallele Universen sind eine einzige Geistergeschichte. Einerseits. Andererseits ist es irgendwie erfrischend, zu wissen, dass man weder auf *eine* Welt beschränkt ist noch auf *eine* Biografie. Besonders, wenn es einem gerade dreckig geht. In anderen Welten gibt es uns schließlich auch noch, obwohl sie – wir selbst und die Welten – ein wenig verzerrt und wackelig sind.

Moment! Fühlen wir uns nicht manchmal so? Wackelig, ja. Unsicher. Als wären wir nicht ganz wir selbst. Stimmt das womöglich? Wer behauptet, dass wir immer dieselben in der gleichen Welt sind? Ich bestimmt nicht.

Nicht nur die Universen, *wir* durchdringen und überlappen uns. Mit allen Personen, die wir ebenfalls sind. »Du kommst mir heute so fremd vor«, sagt manchmal die Gattin zum Gatten. Oder umgekehrt. Nun, dafür haben wir jetzt eine einfache Erklärung.

Wem das zu unheimlich ist – man kann auch sagen, dass wir in unseren sämtlichen Möglichkeiten existieren, was luxuriös, ja geradezu verschwenderisch ist. Der wunderbare Richard Feynman, selbstverständlich Nobelpreisträger, hat für den Mikrobereich die theory of everything entwickelt. Ein Teilchen kann alle Zustände annehmen. Wir auch? Was immer einem Teilchen passieren kann, passiert. Und wie ist das bei uns?

Ich liebe Feynman. Es war mein Mann, der mir zuerst seine Bücher geschenkt hat. Nicht nur mir. Wie mir unsere Buchhändlerin erzählte, musste sie eins davon, »Sie belieben wohl zu scherzen, Mister Feynman«, in seinem Auftrag an fünfzig Personen verschicken. Ich hoffe, Feynman hat sich inzwischen bei ihm bedankt. Ob die Toten auch in allen Versionen ihrer selbst leben?

Von seiner Mutter lernte Feynman, dass die höchste Form des Verstehens Lachen und Mitleid sind.

»Was wir brauchen, ist Fantasie«, weiß er. »Wir müssen eine neue Sicht der Welt finden.« Und, während er sich allein am Meeresstrand seinen Vorstellungen überlässt: »Ich/ein Universum von Atomen/ein Atom im All.«

Mittelmäßige Physiker kleben an Theorien wie die Fliegen am Leim. Auch Theorien muss man, wie alles andere, loslassen können. Man darf sie nicht mumifizieren. Dazu Richard Feynman:

»Wir Wissenschaftler – die wir um den großen Fortschritt wissen, der aus einer zufriedenstellenden Philosophie des Nichtwissens erwächst, den großen Fortschritt, der die Frucht der Denkfreiheit ist – haben die Aufgabe: den Sinn und Nutzen dieser Freiheit zu verkünden, zu lehren, dass Zweifel nicht zu fürchten, sondern zu begrüßen und zu erörtern sind, und diese Freiheit zu fordern als unsere Pflicht und Schuldigkeit gegenüber künftigen Generationen.«

Mit anderen Worten: Zweifeln ist besser als Glauben!

Fassen wir vorläufig und mit allen Zweifeln zusammen: Wir sind so etwas wie eine Personenwolke, die in einer

Wolke von Universen existiert. Preisfrage: Wie sind es so viele geworden? Teilt das Universum sich wie eine Zelle? Haben wir es mit einem sich beständig teilenden kosmischen Zellverband zu tun? Und *was* wird, bitteschön, daraus?

Nein, im Moment fragen wir nicht weiter, sonst werden wir noch verrückt. Ich erzähle Ihnen zur Erholung jetzt eine Geschichte.

DER EULENSCHWARM

So, und jetzt ist die Geschichte verschwunden. Passend zum letzten Kapitel. Synchronizitäten nennen das C. G. Jung und Wolfgang Pauli. Was in der Psyche passiert, kommt in der Welt als Ereignis auf uns zu. Einmal las ich bei geschlossenen Fenstern einen Kriminalroman mit Bienen im Titel, und Bienen waren auch das Mordinstrument. Auf einmal summt es und summt. Ich schaue auf, und ... Haben Sie es erraten? Eine Biene fliegt im Zimmer herum. Mitten in Wien. In der Hofburg, wo ich wohne.
Nein, keine Halluzination. Ich habe die Biene, so etwas tue ich immer, in einem Papiertaschentuch gefangen und in den Volksgarten getragen. Es war keine Jahreszeit für Bienen, noch oder schon halber Winter, genau weiß ich es nicht mehr.
Und jetzt ist auf einmal der Eulenschwarm weg. Ich hab ihn, vielmehr das Manuskript mit dem Titel, noch alle Tage bei meinen übrigen Notizen gesehen. Und mich darauf gefreut, es beim Abtippen zu lesen. Denn ich habe, was damals passiert ist, schon beinahe vergessen. Es ist, ich weiß nicht wie viele, Jahre her. Raunacht war, und in den Raunächten sind alle möglichen Türen geöffnet. Man gerät in Wirklichkeiten, von denen man sonst nicht einmal weiß, dass es sie gibt.

Ich setzte mich in diesen zwölf Nächten an meinen Schreibtisch und … Aber das dürfen Sie keinesfalls selbst probieren, sonst könnte es sein, dass Ihre Türen, statt aufzugehen, zufallen. Also ich experimentierte mit sehr hohen Dosen von Schlaftabletten und Alkohol. Das erzeugt bei mir einen überwachen Zustand, von dem ich mir vorstellen kann, dass er dem Tiefschlaf ähnlich ist. Also einen gewissermaßen wachen Tiefschlaf, und dann schreibe ich. Oder diese andere Person, die ich im Wachschlaf bin, schreibt. Wenn ich mich recht erinnere, beschwor ich entweder Außerirdische oder mich selbst. Irgendwie kam es auf das Gleiche heraus. Was mich dabei überfiel, war ein Eulenschwarm.

So nannte er sich, und natürlich waren es keine Vögel. Der erste Tote, der mit mir redete, war der Wiener Kulturstadtrat und Literat Jörg Mauthe. Als ich ihn zum letzten Mal lebendigen Leibes traf, meinte er, ich wäre ein Käuzchen, eine Eule. Und so sprach er mich später als Jenseitiger an. Die zwölf Raunächte waren eine sonderbare, eine unheimliche Begegnung mit mir selbst als Schwarm. Als Schwarm, wie Vögel einer sind. Ein Vogelschwarm hat eine andere Identität als die Tiere, aus denen er besteht. Eine völlig andere Identität wie, in jenen zwölf Nächten, ich selbst.

Ich hoffe sehr, dass der Eulenschwarm bald wieder in das aktuelle Universum zurückkehrt, auf diesen Schreibtisch, und dann kriegen Sie sofort die Geschichte, auf die ich jetzt selbst neugierig bin.

Inzwischen kehren wir zur Spiegelerde zurück.

JENSEITIGE MATERIE

Einige Physiker nehmen an, dass gewöhnliche und Spiegelmaterie vermischt sind. Jedenfalls beim Orthopositronium – um Himmels willen, was ist das? Ein Positronium, bei dem Spin des Elektrons und Positrons dieselbe Richtung haben. Schön, und was soll ein Positronium sein? Das Antiteilchen des Elektrons. Wäre für uns total uninteressant, würde dieses unaussprechliche Orthopositronium nicht in der Spiegelwelt in drei Spiegelphotonen zerfallen. Passiert das, gibt es kein Spiegelorthopositronium mehr, das in die gewöhnliche Welt zurückschwingen kann. Es ist für immer in der Spiegelwelt verschwunden. Dabei fällt uns natürlich Alice ein, wer sonst?

»Alice hinter den Spiegeln«, das Lieblingsmädchen der Quantenmechaniker. Lewis Carroll, der viktorianische Poet, hat sie ins Wunderland und hinter die Spiegel geschickt. In die Quantenwelt, ein paralleles und wahrscheinlich jenseitiges Universum. Die phantastischen Abenteuer, die sie dort erlebt, werden auch wir eines Tages erleben. Oder vielmehr, wir tun es bereits, wenn wir die Zeit als Illusion erkennen. Was theoretisch sehr leicht ist, da kann ich es auch. Aber praktisch?

Ist Spiegelmaterie jenseitige Materie? Materie in ihrem jenseitigen Zustand? Und sind beide, natürliche und die jenseitige Spiegelmaterie, auf und in der Erde gemischt, und in uns auch? Das würde bedeuten, dass Jenseitige keine reinen Geister sind, wie ich immer geglaubt habe, sondern noch immer materiell. Allerdings kann Licht sich in Materie verwandeln und Materie in Licht. Da kenne sich einer aus!

Zum Glück gibt es einen verrückten Physiker, der in seinem Keller sitzt und unermüdlich mit einer Art dünneren Materie experimentiert, die er feinstofflich nennt. Ich mag die Vokabel nicht, sie hat so einen esoterischen Hautgout. Feldartige Materie, so nennt er sie auch, und das gefällt mir schon besser.

Es ist jetzt 9 Uhr Abend, und ich habe ihn gerade angerufen und gefragt, ob diese feinstoffliche Materie die jenseitige sein könnte? Er hat sofort Ja gesagt und versprochen, mir sein Forschungsmaterial über die beiden Bewusstseinsfelder der Erde zu schicken, ein schöpferisches und ein zerstörerisches. In diesen Feldern sagt die Erde *Ich* und kommuniziert mit Sonne und Sternen.

Einmal hat sie sogar mit mir kommuniziert. Obwohl ich die Geschichte schon in einem anderen Buch erzählt habe, gehört sie wohl auch in dieses.

BRIEF VON DER ERDE

Neunzehnfünfundsiebzig sollte ich für den ORF einen Verschollenen wiederentdecken, und ich entdeckte Jakob Lorber. Er war ein Mystiker des 19. Jahrhunderts, dem die Erde erschien. Ihr Kopf war der Nordpol und der Südpol, Sitz aller Dämonen, ihr Geschlecht.

Ich machte meine Arbeit beim Rundfunk, ging nach Hause und legte mich ins Bett. Beim Einschlafen sagte ich: »Liebe Erde, erscheinst du mir auch? Bitte! Ich wüsste so gern, wie Du wirklich ausschaust.«

Am nächsten Tag fuhr ich zurück ins Waldviertel, und da lag bereits ein Brief von der Erde, mit Bild. Der Brief liegt bei meinem Vorlass in der Österreichischen Nationalbibliothek, das Bild sollte eigentlich ins Jenseitsmuseum kommen, aus dem jetzt doch nichts wird, der Maissauer Bürgermeister wechselt. Möchte vielleicht ein Leser oder eine Leserin eines gründen? Mit den Jenseitsvorstellungen aller Mythen und Religionen. Wäre toll.

Der Brief:

Sehr geehrte Frau Baronin!
Ihr seinerzeitiges »übersinnliches« Selbstporträt im Fernsehen dürfte unter den Gleichgesinnten sicherlich viel An-

klang gefunden haben. Ich persönlich hätte mir damals allerdings nicht träumen lassen, dass diese »Antimaterie« auch mich einmal beschäftigen wird. Nun begab es sich aber in den letzten Tagen, dass ich eine Fotostudie zusammenstellte, die einen surrealistischen Charakter haben sollte, ohne mir viel dabei zu denken. (Was ja bei dieser Gilde öfter vorkommen soll.)

Als jedoch die fertige Vergrößerung vor mir lag, erkannte ich plötzlich einen tieferen Sinn auf ganz anderer Ebene, und ich musste unwillkürlich an Ihre vorerwähnte Sendung denken. Ich vertiefte mich immer mehr in die sonderbare Aussagekraft dieses Bildes, bis ich zu folgender (anmaßender?) Deutung kam und es allumfassend »Lumen mundi« nannte:

In der Mitte des Bildes der dominierende rote Kopf, kahl und bloß, kristallinisch abgesetzt vom aschgrauen Schmutz unseres »blauen« Planeten, losgelöst von aller Erdenschwere, ganz reiner Geist und reine Vernunft, Wort und Gedanke in orphischer Einheit. Und dieser Purpurkopf wird flankiert von zwei Leuchtern aus Gold und Alabaster, die als Symbol der Weisheit einsam ragen. Vom schwarzen, magischen Hintergrund fließen zwei lichtdurchflutete Ströme wie sphärische Klänge aus fernen Welten in den statuarischen Raum. Alles in allem ein Dreiklang der Künste: Sprache, Musik und bildhafter Traum in okkulter Erscheinung.

Durch den Umstand veranlasst, dass Sie, meine sehr Verehrte, am Entstehen dieses Bildes mittelbar beteiligt waren, nehme ich mir mit dieser Post die von Ihnen erlassene Freiheit, Ihnen dieses Foto, mit einer Widmung versehen, in die Hände zu spielen. Denn warum sollte es Ihnen vorenthalten werden, wo es doch mediumistisch für Sie geschaffen wurde.

Ich hoffe, dass Ihnen diese beiläufige Gabe am Rande des Alltags eine kleine Freude bereiten wird. Allerdings will ich dabei unbekannt bleiben, so wie ich Ihnen bisher unbekannt war. Denken Sie mit Staunen, dass es auch heute noch Menschen gibt, die Freude schenken wollen, ohne des Freudenschimmers Wiederkehr zu wünschen.

Der Absender ist natürlich vorgetäuscht, wenn auch sehr beziehungsvoll, wie Sie gewiss schon bemerkt haben werden.

Wien, im Jänner 1975

Auf dem Bild steht rechts unten:
Lumen mundi
L.I.V.E.
zugeeignet.

Also life, original, direkt! Lotte Ingrisch von Einem, meine Initialen. Gewiss, das auch. *Und das Licht der Welt, life.*
Der fingierte Absender lautete Hermann Keyserling. Er hat das berühmte »Reisetagebuch eines Philosophen« geschrieben und ist längst tot. Ich merke gerade, ich hätte es lesen müssen, vielleicht enthält es noch ein Zeichen, eine Botschaft von der Erde? Sein Sohn Arnold, der Religionsphilosoph, den ich hätte fragen können, ist auch schon gestorben. Aber ich gehe der Sache nach.

Den Unbekannten hätte ich schrecklich gern kennengelernt, auf die Spur kam ich ihm nicht. Was völlig in Ordnung ist, war er doch gewissermaßen ein Pseudonym für die Erde selbst.

LEICHT WIE EINE VOGELFEDER

Inzwischen hat Klaus Volkamer, der Physiker im Keller, mir etwas über globale feinstoffliche Felder der Erde gefaxt, die sich aus »Beschleunigungsanomalien eines NASA-Raumflugkörpers direkt ermitteln lassen«.
Klingt spannend. In Weitra gab es einen Obermedizinalrat Plha, der konnte es ganz ohne NASA. Er besuchte uns in Rindlberg, hat mein Feld, man nennt es auch Aura, exakt gemessen und war beeindruckt. Es betrug über zwei Meter. Aber das hing vielleicht mit dem schwer radioaktiven Granit zusammen, auf dem unser kleines Haus stand. Ich habe Fritz Steininger gefragt, ob Gottfrieds Geisterbesuche und meine abenteuerlichen Ausfahrten aus dem Leib etwas mit dieser Radioaktivität zu tun gehabt haben könnten? Das hielt er für möglich. Zu meinem großen Kummer gehe ich, seit wir Rindlberg verlassen haben, nächtens nicht mehr in die Luft auf Tournee. Wohl erst wieder beim Sterben, und das ist noch ein Grund, mich darauf zu freuen.
Wiederum Volkamer: »Wie beim feinstofflichen Körperfeld des Menschen handelt es sich bei den beiden feinstofflichen Globalfeldern der Erde um Lebensfelder, die unsere Erde, wie jeden anderen Himmelskörper, zu einem kosmischen Lebewesen machen.«
Die an Materie gebundenen Felder pulsieren, was ich aus

eigener Erfahrung bestätigen kann. Ebenso, dass der Mond etwas damit zu tun hat. Ich scheine manchmal diese Felder oder mich selbst in ihnen zu spüren.

Volkamer: »Auch der Mensch hat, wie jedes Tier und jede Pflanze, zeitlebens ein weit über die körperliche Oberfläche hinausragendes individuelles unsichtbares Feld ... Die Überlagerung des sichtbaren Körpers mit dem unsichtbaren feinstofflichen Feldkörper formt die Ganzheit unserer lokalen individuellen Existenz.« Das wussten schon die Tibeter, und Alexandra David-Néel hat wunderbare Bücher darüber geschrieben.

Ich selbst habe ein paar Mal das Feld eines anderen Menschen als physische Berührung gespürt. Doch war es vermutlich so, dass nur zwei Felder einander berührten. Volkamer schreibt, dass diese Felder in Wechselwirkung stehen, dass Körper und Feld sich trennen können und dass nach dem Tod des Körpers das Feld fortbesteht. Ja, so scheint es zu sein.

Der Titel seines letzten Buches ist: »Feinstoffliche Erweiterung unseres Weltbildes«. Eine dringend notwendige Erweiterung. Bis sie endlich stattfindet, wiegt unser Physiker tote Fliederblätter. Denn er möchte, wie schon andere vor ihm, beweisen, dass so ein Feld auch Gewicht hat, wenngleich nur ein geringes. Wenn ich mich recht erinnere, hat man an Sterbenden festgestellt, dass ein menschliches Feld, allgemein noch *Seele* genannt, zirka 22 Gramm wiegt.

Noch einmal Seelentausch

Sie erinnern sich an die italienischen Damen, die – vom Blitz getroffen – ihre Seelen vertauschten? »Metapsychosis« nannten es die Griechen. Da die Geschichte sogar einen Namen hat, dürfte sie öfters passiert sein. Wir können sie also getrost glauben. Gerade stoße ich auf einen ähnlichen Fall:

In Orenburg, Russland, erklärte am 22. September 1774 ein Arzt den an Nervenfieber erkrankten Abraham Charlson gegen Mitternacht für tot. Aber er kam wieder zu sich, stieß seine erfreuten Angehörigen brutal zurück und behauptete, sie nicht zu kennen. Statt russisch redete er englisch und entsetzte sich vor seinem Spiegelbild. Er wäre, versicherte er der geschockten Familie, ein englischer Pelzhändler namens Abraham Durham und habe in Neu-Westminster, Kanada, Frau und Kind. Auch sei er in Wirklichkeit kleiner und blond. Als ihm das Irrenhaus drohte, flüchtete er.

Ein Petersburger Professor untersuchte den Fall. Als er wegen einer Ausstellung nach New York berufen wurde, las er dort zufällig (oder nicht?) in einer Zeitung aus Neu-Westminster … Sie haben es schon erraten? Er las über den dortigen Pelzhändler Abraham Durham, der am 22. September 1774 an Nervenfieber erkrankt war, in Starrkrampf verfiel und zu sterben schien. Wider Erwarten wurde er wieder lebendig und erkannte weder Weib noch Kind. Er hätte, behauptete er, bereits anderswo Familie.

Eines Tages tauchte ein europäischer Reisender bei der Gattin des Pelzhändlers auf und erklärte, er wäre ihr Mann. Er sprach reines Englisch und erinnerte sie an Intimitäten, von denen nur sie beide wussten. Die Frau war begreiflicherweise verstört. Sie hatte nun zwei Männer. Einen, der aussah wie ihrer, und einen anderen, der schwor, es zu sein.

Professor Orlow reiste nach Lektüre der Zeitung sofort nach Neu-Westminster und erkannte den wahren Pelzhändler Durham. Der kleine Blonde war auch da und versicherte, Charlson aus Russland zu sein. Es ergab sich, dass der Seelentausch in Orenburg um Mitternacht und in Westminster zu Mittag stattfand. Der Zeitunterschied zwischen beiden Orten beträgt zwölf Stunden. Die Verwandlung der beiden ineinander passierte also zur exakt gleichen Zeit.

Wer kennt nicht die Sagen und Märchen über Wechselbälger, in denen Kinder von Hexen oder bösen Feen vertauscht werden? Oder die Geschichten von Werwölfen? Die gibt es immer noch, und nicht nur im Kino. Mein guter Freund, der Maler und Holzschneider Robert Hammerstiel – immerhin Goldenes Ehrenkreuz für Wissenschaft und Kunst, Goldener Lorbeer, Päpstlicher Ritterorden und so weiter – hat sie selber gesehen. Er kommt aus Transsylvanien, kehrt immer wieder dahin zurück und lebt mit den Geistern der Toten. Wenn Sie mehr darüber wissen wollen, lesen Sie eins seiner Bücher oder alle zwei: »Von Ikonen und Ratten, eine Banater Kindheit« und »Von klaren und von blinden Spiegeln«. Seine Bilder beschwören eine für gewöhnlich unsichtbare Welt.

Seele – was ist das?

Wenn wir ganz ehrlich sind, wir wissen es nicht. »Das Innere, besonders des Menschen«, steht im Brockhaus, »als Inbegriff der bewussten und unbewussten Vorgänge, vorgestellt als Lebenskraft oder Träger des Lebens. Nach manchen Glaubenslehren wird die Seele im Tod vom Körper getrennt oder geht in andere Lebewesen ein.« Verschiedene Kulturen kennen verschiedene Seelen, die ihren Sitz in verschiedenen Teilen des Körpers haben. Plato und der Vatikan liegen ihretwegen im Streit, da beide sie für unsterblich erklärt haben, aber Plato zuerst. Die platonische Seele ist immateriell, prä- und postexistent. Ihre Heimat ist das Reich der ewigen Ideen. Die christliche Seele ist schwarz oder weiß, also sündig oder nicht, hat im Gegensatz zur platonischen eine abwechslungsreiche Biografie und wird von Gott, der sie erschaffen hat, nach dem Tod mehr oder weniger grausam bestraft.

Bei Demokrit besteht sie aus Atomen, für Aristoteles ist sie die erste Entelechie, die sich im Stoff verwirklichende Form. Für Thomas von Aquin garantiert sie die Einheit des Menschen, während Descartes streng zwischen ihr und dem Körper unterscheidet. Spinoza hält sie für eine Idee, Leibniz zufolge sind alle Monaden – fensterlose letzte, unteilbare individuelle Einheiten – beseelt. Für Locke und

Hume ist sie keine Substanz, sondern nur ein Bündel Vorstellungen. Für Kant auch nicht, sie kommt nur in den wechselnden Zuständen unserer Gemütskräfte zum Ausdruck. Ihr Wesen kann nicht erkannt werden, ihre Unsterblichkeit jedoch ist ein Postulat der praktischen Vernunft. Im Materialismus des 18. und 19. Jahrhunderts betrachtet man sie als Funktion und Resultat des Körpers. Seit dem 19. Jahrhundert kommt sie uns überhaupt immer mehr abhanden, Freud spricht vom »psychischen Apparat«, und die neuere Philosophie behandelt sie nur mehr in der Anthropologie.

Der unaufhaltsame Abstieg der Seele. Außerhalb der Kirchenpredigten und Grabreden ist sie ebenso tabu geworden wie ihr Schöpfer Gott. Mein erster Mann, der Philosoph Hugo Ingrisch, verärgerte alle Gesellschaften, zu denen wir eingeladen waren, mit der Frage: »Glauben Sie an Gott?« Die Leute waren peinlich berührt, als hätte er soeben auf den Teppich gepinkelt oder einen schmutzigen Witz erzählt. Er war nicht fromm, doch suchte er mit aller Leidenschaft nach Antworten auf brennende Fragen.

Und Sie? Wie gefällt Ihnen, was die alten und neuen Philosophen über die Seele sagen? Ich stimme eher mit Kant überein. Oder vielmehr stimmte, denn während ich dieses Buch schreibe, habe ich eine Entdeckung gemacht.

DAS INFORMATIONSFELD

Es war so einfach. Der Körper hat eine Seele, und die Seele hat einen Geist. Sterben wir, geht die Seele in den Himmel, das Fegefeuer oder in die Hölle, und der Geist vermutlich wieder in Gott.

In meinen Büchern habe ich geschrieben, die Seele wäre der jenseitige Mensch. Nicht erst nach dem Tod! Wir sind schon lebendigen Leibes jenseitig, also Geister. Haben eine Doppelnatur wie das Licht, das sowohl als Teilchen als auch als Welle auftritt. Während des irdischen Lebens erscheinen die Seelen einander, wie wir selbst uns im Spiegel, als Leiber. Erlischt das irdische Leben, erscheinen wir einander direkt. Als Teilchen, nämlich Fleisch, Knochen und Blut, können wir nicht mehr erscheinen, weil es dann keine Teilchen mehr gibt. Sondern nur Wellen, Seelen, Geister.

Der Körper vergeht ganz, der Leib nicht. Der Leib ist mehr als Wasser und unreiner Kohlenstoff. Im Unterschied zum unpersönlichen Körper wird der Leib von unserem persönlichen Bewusstsein geprägt. Dazu gehört die Geschichte des Menschen, sein Charakter, das Muster seiner Beziehungen. Die Hoffnungen, Ängste, Enttäuschungen. Alle Freuden und Leiden. Kurzum, die Psyche.

Wir halten sie für die Seele in Person, aber das stimmt

nicht. Mit der Seele geht man nicht zum Psychologen, und schon gar nicht zum Psychiater. Das Ich kann krank werden, aber die Seele ist kein *Ich*. Sie existiert jenseits von Raum und Zeit.

Haben wir überhaupt eine Seele? Da bin ich nicht mehr so sicher. Die vom Blitz getroffenen Italienerinnen haben ebenso wenig ihre Seelen vertauscht wie die beiden Pelzhändler. Was sie vertauscht haben, war Volkamers feinstoffliches, unsichtbares individuelles Lebensfeld. Sie haben, würde ich sagen, ihre Informationsfelder vertauscht. Ist das Informationsfeld, in dem die historische Person gespeichert ist, die Seele? Nein und noch einmal nein! Dieses Informationsfeld stirbt im zweiten Tod, der dem ersten, dem körperlichen, folgt. Dieser Zweite kann auch schon vor dem Ersten eintreten – das Ziel der Mystiker sämtlicher Religionen. »Stirb und werde«, nennt Goethe es. Nur wer stirbt, bevor er stirbt, lebt. Nur wer bereit ist, die Informationen im Lebensfeld zu löschen …

Persönliche Information, ein Synonym für Psyche, ist eine Art Schlacke und Schmutz, die wir mit Eifer hüten. Denn das, glauben wir, sind wir selbst. Nein, sind wir nicht. Gespeicherte Information ist Asche, gelöschte Information Licht. Doch entspringen beide einem einzigen Feuer.

Von Faraday stammt die wissenschaftliche Entdeckung des Feldes, eine immaterielle Wirkungszone im Raum. Das Radialfeld, in letzter Wirklichkeit absolutes Licht, könnte die raumlose, zeitlose, geschlechtlose und eigenschaftslose Seele sein. Das unsichtbare Licht wird sichtbar, wenn es auf Materie trifft.

»Im Feld der Materie«, sagt der Dalai Lama in einem Gespräch mit einem meiner Lieblingsphysiker, David Bohm, »kennen wir Raumteilchen, im Feld des Bewusstseins reines Licht.«

DER KOSMOS DES BEWUSSTSEINS

Die Kosmologie der Welt ist eine Kosmologie des Bewusstseins. Es gibt mehr Zustände des Bewusstseins, als unsere Psychologie ahnt. Es gibt unendlich viele Zustände des Bewusstseins.

Welten sind Bewusstseinszustände. Es gibt unendlich viele Welten. Wir leben nicht immer in derselben. Unmerklich wie den Zustand unseres Bewusstseins wechseln wir die Welt. Manchmal bemerken wir es und erschrecken. Wenn wir etwas Ungewöhnliches sehen, hören, denken. Aber fast immer kehren wir blitzschnell in die vertraute Welt, den vertrauten Zustand zurück. Gelingt uns dies nicht, bleiben wir in einer anderen Welt gefangen, und man erklärt uns für verrückt.

Das stimmt sogar, sind wir doch ver-rückt worden oder haben uns selber ver-rückt. Wie die Psychiatrie mit denen umgeht, die sich zwischen den Welten verirrt haben, ist eine Schande. Ein guter Psychiater müsste mindestens ein paar Semester Ethnologie studieren. Andere Kulturen hatten andere und wesentlich tiefere Einsichten in diese Phänomene, und ihre Schamanen hatten andere und wesentlich bessere Methoden der Heilung. Die Erzeugung und Verschreibung der gängigen Psychopharmaka richtet vielleicht mehr Schaden als Nutzen an.

In den Landschaften des Bewusstseins gibt es nur die Grenzen, die wir selbst ziehen, und der Wächter der Schwelle ist unsere eigene Angst. Landschaften des Bewusstseins werden weder mit dem Zirkel gezogen, noch mit dem Lineal voneinander getrennt. Sondern sie gehen ineinander über, manchmal sanft, manchmal schroff.

Das Radialfeld ist jenseits aller Landschaften. Jenseits unserer Welt, die wir für die einzige halten und die uns ebenso glücklich wie unglücklich macht. Denn diese Welt ist polar, und wir können sie nur in Gegensätzen erfahren. Tag und Nacht, schön und hässlich, böse und gut. Immer bewerten wir den einen Pol positiv und den anderen negativ. Den lebendigen Schöpfungsstrom, der zwischen beiden fließt, ihre komplementäre Einheit, erkennen wir nicht.

Das größte, für uns vorstellbare Gegensatzpaar ist Leben und Tod, Diesseits und Jenseits. Während uns alle anderen Gegensätze als relativ erscheinen, halten wir den von Leben und Tod für absolut. Das ist ein Irrtum!

Zwei Zustände des Bewusstseins, zwei Welten, die ineinanderfließen, wenn wir nicht künstliche Wehren zwischen ihnen errichten. Wir existieren in beiden Welten, und beide Welten existieren in uns. Gleichzeitig!

Das Jenseits ist die freier fließende Welt, begradigt nur von religiösen Erwartungen. Das Radialfeld des Lichtes kennt keine Erwartung.

SCHLAFENDES, TRÄUMENDES UND ERWACHTES LICHT

Meister Eckhart, 1260–1327, der höchste und tiefste aller christlichen Mystiker, spricht vom *Fünklein*, der höchsten Vernunft in uns selbst, die in einem blitzartigen Erkennen jenseits aller natürlichen Vernunft, jenseits aller Bilder und Vorstellungen, Gottes in einem weiselosen Vorgang gewahr wird. Wie Gott und Seele in ihrem innersten Sein unnennbar, ohne Namen sind, so ist auch ihre Begegnung ohne Namen. Nach Eckharts Erfahrung vollzieht sie sich in einem unzugänglichen Licht, das alle Sinne auslöscht.

Alle Sinne, und das persönliche Informationsfeld. »Suche dich selbst überall«, sagt Eckhart, »und wenn du dich gefunden hast, lass von dir ab!«

Auch Giordano Bruno erfuhr während seiner Flucht vor der Inquisition jenes überirdische Licht, das alle Zeiten und Kulturen kannten. »Wenn nämlich der Geist sich mit jenem Licht vereinigt«, schrieb er, »wird er selbst zu Licht und folglich zu Gott.« Bruno nennt es »die höchste Betrachtungsweise, die über die Natur hinausstrebt«. Und er meint: »So hoch gelangt man nur mithilfe des übernatürlichen Lichts, nicht vermittels des natürlichen.«

Der Kosmos ist für ihn unendlich, ohne Zentrum und Umfang, erfüllt von einem spirituellen Körper (corpus spirituale) oder Äther. »Der aber ist identisch mit dem Himmel, dem Leeren, dem absoluten Raum, der allen Körpern innewohnt und der alle Körper in seiner Unendlichkeit erfasst. Gott ist das Unendliche im Unendlichen, die Allgegenwart in allem, nicht über dem Universum oder außerhalb desselben, sondern auf höchste Weise in allem anwesend, allem immanent.«

Und jetzt denken Sie bitte nicht, wieso? Die Physiker glauben nicht mehr an den Äther. Aber ob sie im Moment an ihn glauben oder nicht, es gibt ihn. Ein spiritueller Körper – und vorhin hat mir Volkamer am Telefon gesagt: »Der Raum ist ein lebendiges Wesen. So etwas wie eine Person!« Aber klar, das haben mir die Toten schon längst mitgeteilt. Nein, stimmt nicht ganz. Jetzt weiß ich es wieder. »Die Ewigkeit«, hat mir der tote Jörg Mauthe gesagt, »ist eine Person. Eine Person ohne Grenzen. Die Ewigkeit ist eine grenzenlose Person.« – »Beschreibst du jetzt Gott?«, fragte ich, und er: »Du hast es erraten.« – »Bist du ihm begegnet?« – »Einer grenzenlosen Person zu begegnen, ist schwer.« Man kann sie weder berühren noch erfassen, sagte er. »Die Ewigkeit hat viel mit dem Lachen zu tun. Zeit entsteht, wenn man nicht lacht.« Und drei Nächte später bat er mich, ihm zu helfen, seine zeitliche Identität aufzulösen, seine zeitliche Anatomie, die historische Person.

Er sagte auch, dass Jenseits und Ewigkeit nicht dasselbe wären, und Licht nicht die letzte Wirklichkeit. »Der Weg des Todes führt nicht ins Licht, sondern durch das Licht hindurch.«

Der Philosoph Plotin, 204–269 n. Chr.: »Die höchste Stufe ist erreicht, wenn die Seele fähig wird, sich selbst zu vergessen. In diesem Augenblick steigt sie zur höchsten Glückseligkeit auf. Wie von der Gottheit verschlungen, fühlt sie sich vom Licht der Ewigkeit durchflutet.«

Plotin war der letzte große Philosoph der Antike. Aus eigener Erfahrung kannte er die »Ekstase«, des Heraustreten aus dem eigenen Leib: »Oft, wenn ich aus dem Schlummer des Leibes zu mir selbst erwache und aus der Außenwelt heraustretend bei mir selber Einkehr halte, schaue ich eine wundersame Schönheit ... Ich glaube dann an meine Zugehörigkeit zu einer höheren Welt ...« Wieder in den Leib abgestiegen, versteht er nicht, dass er überhaupt je in ihn eintrat. »Der Körper«, sagt er, »verdunkelt die Wahrheit.«

Ich habe das auch erlebt, den Aufstieg, die Schönheit, den Absturz. Plotin lehrt eine Heilige Dreieinigkeit. Am höchsten steht das Eine, dann kommt der Geist und zuletzt die Seele. In Stufen fließt alles aus diesem göttlichen Einen, vom Geist bis herunter zur Seele, die Sonne, Mond und die ganze sichtbare Welt hervorgebracht hat. Das Leben, die Erde. Er meint, dass die Seele diese materielle Welt aus der Erinnerung an eine göttliche Welt erschuf. Allzu gut, denke ich, kann sie sich aber nicht erinnert haben.

Wie gefällt Ihnen die Idee, dass die Seele es ist, die unsere Erde und den ganzen Kosmos erschaffen hat? Die Natur, sagt er, ist eine Emanation der Seele, wenn sie vergisst, empor zum Nus zu blicken, zum Geist. Löst, finde ich, das Problem Kreationisten kontra Darwinisten durchaus einleuchtend.

Eine andere Emanationslehre vertritt – und nicht nur er – unser Freund Volkamer: In der Entropie (2. Satz der Wärmelehre, aus jeder Ordnung wird zwangsläufig Schlamperei) steigt alles ab und in ihrer Gegenbewegung, der Evolution, wieder auf.

In der biologischen – oder? Es könnte auch sein, dass die Materie sich selbst immer mehr entmaterialisiert, bis sie Seele und zuletzt wieder Geist wird. Dass sie immer dünner wird, immer durchscheinender. Volkamer weist experimentell eine neue Stofflichkeit nach, von der schon die heiligen Schriften der altindischen Religion gewusst haben, die Veden.

Auch meine geliebten Kelten kannten drei Welten, zu denen der Sterbende emporsteigt. Vom irdischen Körper zum physischen Geist und endlich zum strahlenden Seelenlicht, in dem sich die Sonne selbst manifestiert.

Die Alchimisten haben diesen physischen Geist corpus subtile genannt, den feinstofflichen oder Sternenleib. Siderisch, so Paracelsus, astral. Ein Hauchkörper zwischen Stoff und Geist. Heute spukt er in der Quantenphysik, und im Nanobereich, in dem sowieso alles ganz anders ist, scheint es überhaupt keinen Unterschied zwischen Stoff und Geist mehr zu geben.

Sind wir, wie die Erde, in der Materie schlafendes, in der Seele träumendes und im Geist erwachtes Licht?

EINE UNIRDISCHE ERDE

Jörg Mauthe, mein erster Jenseitiger, sagte in der Nacht vom 11. zum 12. Februar 1988 zu mir: »Also ein Unirdischer, nach deinen Maßen, bin ich. Trotzdem ist meine Nabelschnur zur Erde nicht durchtrennt. Aber ist, willst du wissen, meine und deine Erde denn noch dieselbe?
Gestehe ihr doch auch zu, was du für dich und deinesgleichen in Anspruch nimmst! Nämlich alternative Zustände des Bewusstseins, des *bewussten Seins*. Es gibt eine irdische und eine unirdische Erde, und viele andere Erden gibt es auch noch, aber die erkläre ich dir heute Nacht *nicht*. Außerdem kenne ich sie noch nicht alle.
Wir Unirdischen leben also auf einer unirdischen Erde, obwohl uns das nicht so vorkommt. Diese unirdische Erde ist aber keine andere, wie auch ich kein anderer bin. Nur die Grenzen der Wahrnehmung sind anders gezogen.
Ob ich, willst du wissen, mit anderen Unirdischen zusammenlebe? Nein. Sie flackern auf und erlöschen wieder. Sie *stabilisieren* sich, diese anderen Unirdischen, nicht für mich. Vielleicht tun sie das später, oder vielleicht verhindert etwas in mir selbst Präzision und Intimität der Begegnung. Man ist nicht so *plötzlich* tot, wie du glaubst. Die Skala des Zwischenreichs, auf der mein Bewusstsein reist, hat so viele Grade.

Manchmal bin ich sehr nahe daran, auf deiner Erde zu erscheinen. Du würdest, ich weiß es, nicht erschrecken. Aber es ist eine Frage der Balance zwischen mehreren Zuständen, und ich kann noch nicht mit ihr umgehen. Frequenz und Balance haben mehr miteinander zu tun, als gewöhnliche und sogar ungewöhnliche Physiker ahnen.«

Unsere Erde nimmt also verschiedene Zustände an. Wie das Teilchen. Wie oben, so unten. Später in derselben Nacht:

»Was denn eigentlich, fragst du, man verbrannt hat, und was als Asche auf der Mollenburg steht? Ein Lebenswerk, ein Kunstwerk, geschaffen von mir, den du noch immer Jörg Mauthe nennst, und der sich noch immer in diesem Namen erkennt. Genau das sind unsere Leiber, unsere Erscheinungen. *Kunstwerke.*«

Habe ich ihn richtig verstanden? Nun, ich weiß es nicht. Denn immer wieder bat er, baten auch andere Tote mich, endlich die Metasprache zu erlernen. In der bisherigen könnten sie mir vieles nicht sagen, sie fänden die Vokabeln nicht in meinem Kopf.

In *meinem*, also rede ich nur mit mir selbst? Nein, doch können Tote sich offenbar nur des Sprachspeichers der Lebenden, so sie zu ihnen sprechen, bedienen. Ich habe leider bis heute die Metasprache nicht erlernt. Vielleicht ist das eine, die man nur jenseits des Leibes spricht und versteht? Doch ist auch unsere, ja Sprache überhaupt, ein Geheimnis. Ein Rätsel, das ich manchmal zu lösen versuchte. Gelungen ist es mir nie.

SPRACHE ALS VERWÜNSCHUNG UND ERLÖSUNG

Am Anfang«, lesen wir im Johannes-Evangelium, »war das Wort.« Für die Qualle, die Fliege, das Rhinozeros? Und reden Gänseblümchen miteinander? Delphine, zum Beispiel, tun es. Auch Mäuse, Orchideen, der Affenbrotbaum? Ich glaube schon. Und doch, wie wenig wir wissen!

Wer vom Fleisch der weißen Schlange isst, versteht, sagen die Märchen, die Sprache der Tiere. Manchmal versteht er sie auch, wenn er Tiere liebt. Doch gibt es vielleicht Sprachen jenseits der Wörter?

»Ohne Sprache«, behauptet der amerikanische Biologe Lewis Thomas, »können wie keine Menschen sein; würden wir von ihr getrennt, würde unser Geist ebenso gewiss sterben wie eine Biene, die sich verirrt hat und ihren Stock nicht wiederfindet.«

Sprache ist uns angeboren. Wie junge Vögel im über ihnen schwebenden Schatten den Bussard erkennen, erkennen wir in Buchstaben, in Wörtern den Sinn. Sprache scheint eine biologische Eigenschaft des menschlichen Geistes zu sein. Die universalen Merkmale der Sprache sind genetisch bestimmt. Wir erlernen sie weder noch erfinden wir sie.

Wir verleihen der Sprache Leben, und sobald sie lebendig wird, verhält sie sich wie ein frei beweglicher Organismus. Teile von ihr verändern sich, neue Wörter werden erfunden, bei alten ändert sich die Bedeutung, oder sie verschwinden ganz. Wörter sterben in der Sprache ab wie Zellen im Leib.

Einzelne Sprachen veralten, sterben scheinbar aus – aber sie hinterlassen überall Kinder. Unterschiedliche Sprachen können Jahrhunderte lang nebeneinander bestehen, ohne miteinander in Berührung zu treten, und bewahren ihre Eigenheit mit Abwehrmechanismen, wie sie unverträgliche Gewebe gegeneinander entwickeln. Zu anderen Zeiten mögen zwei Sprachen verschmelzen, sich durch Teilung vermehren, und Brutstätten neuer Sprachen entstehen.

Menschen werden mit der genetischen Gabe geboren, Sprache zu erkennen und zu formulieren. Sprache ist ein biologisches Charakteristikum unserer Spezies wie Federn bei Vögeln. Sprache ermöglicht und erhält unser soziales Sein und umgibt uns mit Sinn. Mit Unsinn natürlich auch, darum nehme man uns nicht immer beim Wort!

Wir leben davon, dass wir Energie in Wörter umwandeln, speichern und in kontrollierten Explosionen freisetzen. Ganz besonders wir Literaten leben davon. Auch die Kritiker, die unsere Explosionen loben oder tadeln. Ein wesentliches Element der Sprache ist ihre Mehrdeutigkeit, die den Dichter vom Schriftsteller unterscheidet. Erst Mehrdeutigkeit offenbart den Sinn der Worte, der wiederum in der Eindeutigkeit verarmt. »Das Gegenteil einer richtigen Behauptung«, sagt der große Physiker Niels Bohr,

»ist eine falsche Behauptung. Aber das Gegenteil einer tiefen Wahrheit kann wieder eine tiefe Wahrheit sein.«

In der Sprache suchen und finden wir unsere Identität. Als Person, als Gemeinschaft, als Volk. Nimmt man einem Volk, einer Gemeinschaft, einer Person die Sprache, nimmt man ihm die Identität. Vielleicht nennen wir unsere jeweilige Sprache Muttersprache, weil sie wirklich die uns gebärende Mutter ist?

Sprache erschafft und beschwört die Welt und die Welten. Sprache ist die geheimnisvollste aller Potenzen, Sprache ist Zauber, Sprache ist Magie. Sprache ist auch Politik und ihr Instrument. Der Politiker herrscht und zaubert durch Sprache.

Die Landkarte, sagt man, ist nicht das Land und das Wort nicht das Ding, das es benennt. Wirklich? Denn im täglichen Leben wird die Grenze zwischen Wort und Ding immer undichter, vielleicht deshalb, weil nur das Wort unser Gefühl aufnehmen kann. Wie viel Liebe, Hass, Erinnerung, Trauer und Hoffnung, wie viel Zorn haben Platz in einem einzigen Wort! Wir können mit Worten buchstäblich verwünschen, und jetzt spreche ich aus Erfahrung. Allerdings müssen wir es dazu mit Emotion erfüllen, mit unserer eigenen Energie. Ist diese Energie schwach, können die Wörter gar nichts. Wenn sie aber genügend stark ist, diese unheilvolle Energie, die das Wort vergiftet wie einen Pfeil, bevor man ihn wirft – dann kann das Wort töten. Seit ich das weiß, verwünsche ich niemanden mehr, oder nur ein ganz kleines bisschen.

Sprache ist also auch Hexerei. Ob man hexen kann oder

nicht, hängt von dem ab, was die Afrikaner *Mangu* nennen, das heißt *Feuer im Bauch*. Es gibt, sagen sie, zwei Kategorien von Menschen. Die eine hat Feuer im Bauch, und die andere nicht. Man kann alles Mögliche, wenn man Feuer im Bauch hat, nicht nur verwünschen. Man kann, obwohl das viel schwerer ist, auch erlösen. Sprache ist schwarze, und Sprache ist weiße Magie. Alte Märchen kennen das Zauberwort, das den Bann löst, den Fluch. Das Wort, das *erlöst*. Doch steht es nur im Wörterbuch des Herzens und in keinem anderen sonst.

Ich denke manchmal, dass Sprache der trübe, der zerbrochene Spiegel des heiligen Paulus ist. Der Sündenfall, der die Ganzheit – die Erde, den Kosmos – zerstückelt. Paracelsus weiß, dass, was krank macht, auch heilt. Wenn Sprache Zerfall ist, die Krankheit des Geistes, muss sie zugleich auch ihr Heilmittel sein. In der Sprache großer Dichter wird der Spiegel, wird die Welt wieder ganz. Sprache ist Verwünschung *und* Erlösung.

Die Grammatik trennt Subjekt, Prädikat und Objekt. Die Folge ist, dass wir das Sein in voneinander getrennte Seiende unterteilen. David Bohm, der große Ganzheitsphysiker, schlägt vor, mit der Sprache zu experimentieren. Dafür bin ich auch. Mit der Sprache könnten wir die Welt *buchstäblich* verändern.

Ich träume schon lang davon, das Wort *Ich* abzuschaffen. Kinder kennen es zuerst gar nicht, sie fühlen sich eins mit der Welt und sprechen von sich selbst in der dritten Person. Dann lehrt man sie leider die künstliche Unterscheidung zwischen *Ich* und *allem anderen*, und das Elend fängt an.

Gäbe es Raub, Mord und Krieg ohne die Illusion eines *Ich*? Doch entsteht sie wohl nicht erst im Kinderzimmer, sondern bereits mit dem Zellkern, der aus friedlichen Prokarionten aggressive Eukarionten macht. Die Evolution ist Segen *und* Fluch.

Es gibt eine eigenartige und höchst interessante Redeweise im Japanischen, die Spielsprache, asobase kotoba, genannt wird. Man sagt nicht: »Ich habe geheiratet«, sondern »Ich habe Heiraten gespielt.« Nicht, »Mein Vater ist gestorben«, sondern »Mein Vater hat Sterben gespielt.« Könnten wir das Leben als kosmisches Spiel erkennen, dessen Regeln nicht Gesetz sind! Den Raum als Spielraum, die Zeit als Spielzeit und uns selbst als Kinder, mit denen eine Göttin spielt …

WIE DAS LICHT EINER KERZE

Manche meiner Bücher schreiben sich, ich weiß nicht wie und wieso, allein. Vielleicht, wenn man sich etwas überlässt, das man selbst ist und nicht man selbst ... Also einem Parallel-Ich? Nein, das auch nicht. Es ist eher so, dass die Grenzen der Person verschwimmen wie das Licht einer Kerze. Man weiß nicht mehr, wo man anfängt und aufhört, und das ist gut so. Das mag, gerade in seiner Unbestimmtheit, der Wirklichkeit entsprechen. Wir sind ein Teil, und wir sind das Ganze.

Schreibt die Erde das Buch? Ich weiß es nicht. Jedenfalls hab ich das Gefühl, ich bin es nicht. Oder schon, aber ein Unsichtbares dirigiert mich wie ein kleines Orchester, und ich spiele, so gut ich kann. Denn ich kenne die Partitur nicht. Das heißt, ich mache zweifellos Fehler.

Überhaupt spüre ich immer wieder, in jemandes Diensten zu stehen. Belohnt werde ich nicht für meine Arbeit, und jahrzehntelang wurde ich sogar dafür bestraft. Noch immer zwar, aber die Strafe wird milder. Man bedroht mich nicht mehr mit Irrenhaus, Tod und Gefängnis, weil ich wie ein Maulwurf an den Wurzeln eines stumpfsinnigen Weltbildes grabe, an das wir uns gewöhnt haben wie an schlechte Luft. Wir bemerken sie nicht einmal.

Hat die Erde etwas mit den Bildern, die wir uns von ihr und

der Welt überhaupt machen, zu tun? Ich glaube, schon. Nicht nur der Kreislauf des Sauerstoffs, des Wassers, des Gesteins – es muss noch andere Kreisläufe geben, die uns mit ihr und allen ihren Teilen verbinden. Nervenbahnen, die Reize von ihr zu uns leiten und von uns zu ihr. Botenstoffe, obwohl wir sie vielleicht nicht mehr als solche erkennen. Frühe Kulturen, die wir abwertend als primitiv bezeichnen, waren sich ihres eigenen Ursprunges viel bewusster als wir.

Soeben hat ein gewaltiges Beben in Chile die Erdachse, wie ich in den Zeitungen lese, um rund acht Zentimeter verschoben. Mir ging es um dieses Beben herum schlecht. Das passiert mir bei allen Naturkatastrophen, und bei Erdbeben ganz besonders. Als hätte mich etwas betäubt. Ich bin unfähig, zu schreiben, bewege mich so langsam wie eine Schnecke und taumle sogar. Ich schalte dann immer einen Waschtag ein, damit ich wenigstens etwas Nützliches tue.

Ich nehme an, dass es einigen von Ihnen ähnlich ergeht. Die Erde und wir sind ein einziger Organismus. Alles, was ihr widerfährt, widerfährt auf diese oder jene Weise auch uns. Wenn Sie also das nächste Mal scheinbar grundlos glücklich oder unglücklich sind, wissen Sie jetzt, warum.

Es ist die Erde selbst, die in Ihnen glücklich oder unglücklich ist.

GAIAS STIMME

Wenn Sie lachen, weinen oder schreien – immer ist es die Erde, die in Ihnen schreit, weint und lacht. Sie hören sie im Heulen des Sturms, im Prasseln des Regens, im Rauschen der Wälder. Aber auch im Stampfen der Maschinen, im Verkehrslärm, in den Chören zorniger Demonstranten und den Arien der Sänger an der Met. Sie hören sie in allen Opern und Fabriken. Im Brüllen der Löwen, im Gurren der Tauben, im Läuten des Telefons. Sie bellt im Hund, miaut in der Katze, plappert im Papagei. Wir hören die Stimme der Erde überall, weil wir die Erde *sind*.

Seit vielen Jahren gibt es die Partei der Grünen. Ich habe sie zweimal begeistert gewählt. Dann wurde mir klar, dass sie sich nicht wesentlich von anderen Parteien unterscheidet. Natürlich ist Nachhaltigkeit und Recycling besser als sinnlose Vergeudung von Rohstoffen. Aber wieso sind die Grünen taub für Gaias Stimme? Blind für ihr Lächeln? Weshalb ist Rousseau ihr Ahnherr und nicht Paracelsus? Warum gibt es kein grünes Weltbild?

Ich habe das erste grüne Fernsehspiel geschrieben, lange bevor es überhaupt Grüne gab. Es hieß *Fairy* und lief im ZDF. Gottfried von Einem und ich verfassten vor bald dreißig Jahren die erste grüne Oper, *Tulifant*. Die Erde tritt als in eine Magd verwunschene Prinzessin auf und dann sogar, Newton ist schuld, als eine Uhr mit Haaren. Giordano Bruno, der Verbrannte, steigt aus der Unterwelt und erlöst sie. Dann schrieben wir *Die heilige Hexe*, ein Paracelsus-Spiel.

Ich hätte so gern ein schöneres, freundlicheres Kapitel im menschlichen Lebensbuch aufgeschlagen. Nein, gelungen ist es mir nicht. Vielleicht war meine Stimme zu leise, zu schwach. Aber es gibt ja noch Ihre Stimmen. Junge, schöne und kräftige Stimmen. Bitte schweigen Sie nicht!

Ein toter Planet kann nur Totes gebären. Auch, wenn das Tote biologisch lebt. Sie müssen in Ihrem Herzen das Herz der Erde erfahren, den Geist der Erde in Ihrem Geist. Und das Leben der Erde verkünden, ohne Rücksicht auf Familie, Stellung und Ruf. Andere werden in Ihre Stimme einfallen, und irgendwann, vielleicht …?

Sagen Sie den Politikern, dass ihr Fetisch, das beständige Wirtschaftswachstum, ein Land nicht gesund machen kann, weil es selbst eine Krankheit ist, nämlich Krebs. Wenn Zellen sich unkontrolliert vermehren, stirbt der Körper, den sie bilden, ab. Sagen Sie ihnen, dass keine Partei neue Arbeitsplätze schaffen kann, denn wir haben immer größere Teile der Arbeit an Maschinen delegiert und sparen Menschen ein. Sagen Sie ihnen, dass die Erfüllung künstlich erweckter Wünsche uns in den Ruin treibt, vor dem nur eine neue Bescheidenheit uns bewahren kann.

Sagen Sie ihnen, dass der Nachteil von Vorteilen Terror ist. Wir können ihn nicht militärisch besiegen, sondern nur durch Gerechtigkeit.

DAS DRITTE AUGE

Zwei Augen haben wir«, schreibt der japanische Zen-Meister Suzuki, »um beide Seiten der Dinge sehen zu können. Doch da gibt es noch ein drittes Auge, das alles sieht.«

Im indischen Yoga ist das linke Auge lunar und das rechte Auge solar. Das dritte Auge befindet sich in der Stirnmitte. Es ist das Auge der Intuition, der Vision, der hellsichtigen Wahrnehmung. In den Geheimwissenschaften gilt es als Sitz übersinnlicher Fähigkeiten.

Wir hatten alle dieses dritte Auge, aber auf dem Scheitel – einen Lichtsinn. Die Reptilien haben es noch immer, und im Gegensatz zu uns sind Krokodile direkt übersinnlich. Nur bei Menschen schloss es sich. Nicht bei Tieren allgemein. Ich werde nie vergessen, wie verzweifelt sich mein Kater Tüpferl wehrte, als ich ihn zum letzten Mal in seinen Reisekäfig setzte. Das tat er sonst nie. Wir fuhren ins Landhäuschen, ein Hund drang in meinen Garten ein und biss ihn tot.

Mein drittes Auge ist leider fest zu. Höchstens, dass es ab und zu blinzelt. Ich weiß dann etwas, ohne zu wissen, dass ich es weiß. Zum Beispiel die Zukunft. Selten als Ereignis, aber oft als Tendenz. Ich schreibe, plane und tue Dinge zum ersten Mal und werde mit Nichtachtung bestraft. Dann vergeht einige Zeit. Auf einmal machen es andere auch, und es wird ein Erfolg. Zum Beispiel die Hospizbewegung. Bevor es sie gab, habe ich versucht, das Haus des Todes zu gründen, mit dem gleichen Programm. Oder ein Tierrecht, das ich – zugegeben, nicht mehr ganz nüchtern – vor mehr als vier Jahrzehnten mit aller Eindringlichkeit auf einem Regierungsempfang einforderte. Klar, dass nichts daraus wurde, die Zeit war nicht reif. Aber wie kann etwas reifen, das es, wie die Zeit, gar nicht gibt?

Also ist alles immer schon da, die ganze Zukunft, und ich nehme sie nur früher als die anderen wahr. Parallelen zur verfrühten Wahrnehmung habe ich in den Wissenschaften gefunden. Die einen entdecken und die anderen kriegen den Nobelpreis dafür. Oder wenigstens die Ehre.

Zum Beispiel erntete nicht Hubble, der die Expansion des Universums erkannte, sondern Lemaître die Lorbeeren dafür. Henry Cavendish verdankt seinen Ruhm zur Vermessung der Erde einem Landpfarrer aus Yorkshire, der überdies 200 Jahre früher als alle Astrophysiker die Möglichkeit schwarzer Löcher in Betracht zog. Der Mineraloge Harry Hess beschäftigte sich mit der rätselhaften Ausbreitung des Meeresbodens und tat der Öffentlichkeit kund, dass die Kruste der Erde beweglich ist und in deren Eingeweide zurückkehrt. Man ignorierte ihn einfach. Der kanadische Geologe Lawrence Morley gelangte zu demselben Ergebnis und schrieb einen Aufsatz darüber. Die Ablehnung des Journal of Geophysical Research wurde später berühmt: »Solche Spekulationen sind ein interessantes Gesprächsthema für Cocktailpartys.«

Oswald Avery wies mit seiner Arbeitsgruppe schon 1944 die DNA als Träger der Vererbung nach. Man machte ihn mundtot und verhinderte seinen Nobelpreis. Den hätte eigentlich auch Rosalind Franklin verdient, die Jahre vor Watson und Crick über die Spiralstruktur der DNA arbeitete. Einige von Ihnen denken jetzt vielleicht an Paul Kammerer und die Vererbung erworbener Eigenschaften. Die Neodarwinisten beschuldigten ihn des Betrugs und trieben den genialen Biologen in den Selbstmord.

Die Liste ließe sich beliebig fortsetzen. Reisen Ideen in Zügen, die nur an bestimmten Stellen zum Aus- und Einsteigen halten? Gibt es Fahrpläne für Entdeckungen? Ja, die Zeit ist wirklich »ein sonderbar Ding«.

Mir liegt seit ungefähr dreißig Jahren ein rechtshemisphärischer Unterricht am Herzen, und ich habe bereits zwei »Schmetterlingsschulen« darüber geschrieben. Nach der ersten flackerte Interesse bei den Pädagogen auf und erlosch wieder. Nach der zweiten flackerte nichts. Jetzt höre ich, dass genau das zum Thema in Amerika wird.

In einer »Physik des Jenseits« habe ich versucht, Parallelen zwischen diesem und der Quantenphysik zu ziehen. Eindeutig, wie der Misserfolg zeigte, zu früh.

Fast mein ganzes Leben lang bemühe ich mich um eine neue Ars moriendi. »Die schöne Kunst des Sterbens« ist auch der Titel meines letzten Buches. Eine Kunst, die bisher – abgesehen von ein paar tröstlichen Ausnahmen – keiner erlernen will.

Am 14. Oktober 1696 schreibt – wie ich der hervorragenden Arbeit von Lore Sexl für die Österreichische Akademie

der Wissenschaften entnehme – Gottfried Wilhelm Leibniz
an die Herzogin Sophie von Braunschweig-Lüneburg:

»Wenn Gott mir die Gnade der Vollendung gibt,
will ich in meinen alten Tagen
einen Roman von besonderer Art schreiben;
er wird die Geschichte
des künftigen Zeitalters behandeln;
denn ich behaupte da,
die Zukunft enthüllen zu können.
Ich werde wie einer jener Menschen,
die in 100 Jahren leben werden,
sprechen.«

Nein, ich bin kein Leibniz, schreibe auch keinen Roman,
und 100 Jahre bin ich der Zeit oder vielmehr ihrer Wahrnehmung bestimmt nicht voraus. Ich bin nur ein Gespenst
aus der Zukunft, das sich nicht austreiben lässt.

DER DOPPELTE BLICK

Eric de Rosny ist ein französischer Jesuit und lebte oder lebt in Westafrika. Er geriet in den Bann des Hexers und Heilers Din, der die verborgene Seite der Dinge erkennt, die nicht sichtbaren Realitäten. Er hat die Gabe des doppelten Blicks. Von ihm erfuhr der christliche Mönch die für den Kameruner selbstverständliche Zweiteilung des Menschen. Nicht in Körper und Seele. Sie kennen auch diese Unterscheidung, halten sie aber für weniger wichtig als die Zweiteilung in eine sichtbare und eine unsichtbare Person.

Der Mensch, der den doppelten Blick besitzt, und der Mensch, der nur die normalen armseligen Augen hat, verhalten sich nicht auf die gleiche Weise. Ich zitiere aus de Rosnys ungewöhnlichem und wunderbaren Buch »Die Augen meiner Ziege«:

»Der Mensch verfügt über vier Augen. Normalerweise schließt er seine beiden sichtbaren Augen in der Todesstunde, um dann die beiden anderen Augen für das Reich der Ahnen zu öffnen. Es kommt aber vor, dass Leute mit vier offenen Augen geboren werden. Diese Anomalie, die zugleich gefürchtet wie auch herbeigewünscht wird, stellt man bei Kindern fest, die jemanden vorbeihuschen sehen, von dessen Tod man kurz darauf erfährt. Für gewöhnlich bemühen sich die Eltern darum, dass diese beiden Augen, die dem Unsichtbaren geöffnet sind, »durchstoßen« werden. Das geschieht mit Hilfe einer geeigneten Behandlung, weil ein Kind nicht die Kraft aufbringt, solche Enthüllungen ohne Schaden zu ertragen. Die, die die Augen »durchstechen«, haben auch die Macht, sie zu öffnen. Die Menschen, die die beiden Sehweisen in sich vereinigen, die der Lebenden und die der Toten, dienen als Vermittler zwischen den beiden Welten … Der Geist macht den Menschen aus, und der kann doppelt sehen.«

Leute mit dem doppelten Blick fühlen, was im Unsichtbaren geschieht, und ob ein fremder unsichtbarer Körper anwesend ist. »Die Öffnung der Augen ist der Schlüssel zu den Kräften der Erde.«

Der afrikanische Hexer und Heiler prüft den Jesuiten und weiht ihn Schritt für Schritt ein. Und plötzlich ist der so sehr erwartete Augenblick da:

»Meine Augen öffnen sich, die Menschen bringen einander um. Das nehme ich visuell ganz deutlich wahr … Sehen heißt zu allererst, dass einem die Gewalt zwischen den Menschen offenbar wird. Man braucht große Charakterstärke, um der rohen Wirklichkeit ins Auge zu schauen. – Ohne Initiation, ohne pädagogisch eingeübte Verhaltensmuster führt die Fähigkeit zu sehen in den Nervenzusammenbruch oder sie schleudert einen in den Kreis der Gewalt hinein …

Din hat nicht versucht, einen Visionär aus mir zu machen. Er hat mir die Augen nur für eine Welt geöffnet, für die der Gewalt. Der tausend Konflikte. Für die Missgunst, den

Hass, mit dem Menschen einander begegnen und sich gegenseitig umbringen. Jetzt *sah* ich, und für immer.«
Wir, die den doppelten Blick nicht haben, sehen ohne wahrzunehmen. Müssten wir sonst nicht vor Entsetzen schreiend fort von dieser Erde rennen, fort von uns?

DIE MONSTRÖSE ZELLE

D en Verleger Paul Zsolnay«, hat mein Mann einmal zu mir gesagt. »Hätte ich *den* gern getroffen!« – »Kein Problem. Sobald wir gestorben sind«, schlug ich vor, »mache ich euch sofort bekannt.«

Seither erzählten wir einander manchmal, wen wir alles kennenlernen möchten. Im nächsten Zustand, in dem wir offenbar alle dreiäugig sind. Und Sie, wessen Bekanntschaft würden Sie dann gern machen? Es hängt, so sagt man, von der Ähnlichkeit der Muster ab, ob man einander begegnet oder nicht. Seneca und ein toter Straßenräuber nehmen sich vielleicht gar nicht wahr. Ähnlichkeit der Muster oder vielleicht der Frequenzen, der Schwingungszahlen, könnten der Schlüssel zu postmortalen Freundschaften sein.

Einer, auf den ich mich ganz besonders freue, ist Lewis Thomas, der amerikanische Mediziner und Biologe. Als Berkeley noch der Laufstall der Genies war, lagen seine Bücher auf allen Nachtkästchen. Heute werden sie respektvoll von Biologen abgeschrieben.

»Alles lebt davon«, schreibt er, »dass alles andere lebt. Alle Formen des Lebens sind miteinander verknüpft. Im Grunde ist es die ungeheure Familie der prokaryontischen, kernlosen Mikroben, die alles in Gang gebracht hat.«

179

Klar, wir stammen von Bakterien ab, ob uns das gefällt oder nicht. Und wären wir noch immer solche, hätten wir keine Fehler gemacht. »Die Fähigkeit, kleine Fehler zu machen, ist das eigentliche Wunder der Desoxyribonukleinsäure. Ohne diese spezielle Eigenschaft wären wir noch immer anärobe (das heißt, ohne Luft lebende) Bakterien, und es gäbe keine Musik.«

Eine Dummheit, dass Kinder in der Schule für Fehler bestraft, statt gelobt werden. »Wir sind so gebaut, dass wir Fehler machen müssen. Wir sind auf Irrtum codiert ... Die Fähigkeit, über Berge von Information zu springen und glatt auf der falschen Seite zu landen, ist die wichtigste Begabung des Menschen.«

Lewis Thomas denkt viel über die Erde nach. »Vom Mond aus aufgenommen, erscheint sie wie ein Organismus, der sich in Entwicklung befindet, wie ein riesiger Embryo.«

Ein Embryo? Zu was könnte unsere Erde sich denn noch entwickeln? Sie ist ja schon alt. Beim Altern machen wir übrigens auch Fehler. Ungenauigkeiten passieren uns, und allmählich entartet die mentale und biologische Information. Ein auf dem Kopf stehendes Pendant zum Wunder der DNA? Natürlich landen wir dabei auf der falschen Seite. Oder kann es sein, dass der Tod die richtige ist?

»Ich habe versucht, mir die Erde als Organismus vorzustellen, aber das klappt nicht. Ich kann sie mir nicht auf diese Weise vorstellen. Sie ist zu groß, zu komplex, sie hat zu viele mitwirkende Teile ohne sichtbare Verbindungen. Neulich Abend, als ich durch eine hügelige, waldreiche Gegend im südlichen New England fuhr, dachte ich darüber nach. Wenn sie kein Organismus ist, was ist die Erde dann, wem ist sie am *ähnlichsten*? Dann kam ich drauf, und in dem Augenblick erschien es mir befriedigend: am *ähnlichsten* ist sie einer einzelnen Zelle.«

Moment, gibt es da nicht grundsätzlich zwei Arten? Zellen von Prokaryonten und Zellen von Eukaryonten, beide bilden total verschiedene Formen des Lebens. Obwohl man die Verschiedenheit nicht mit dem Lineal ziehen kann, Ausnahmen bestätigen die Regel. Wir wollen jetzt nicht pedantisch sein.

Die Prokaryonten – erinnern Sie sich? – haben keinen Zellkern, sind friedliche Bakterien und leben vom Licht. Sie arbeiten zusammen, treiben Tauschhandel und helfen einander bei Bewegung, Ernährung und Fortpflanzung. Kurzum, Abel in Person. Aber dann kommt Kain …

Eine Prokaryontenzelle nahm gutmütig andere in sich auf. Leider waren diese anderen nicht so nett wie sie, und da haben wir schon die Bescherung: die Eukaryontenzelle entsteht! Sie hat einen Kern und auch sonst noch alles Mögliche. Klont sich nicht mehr, sondern wird geschlechtlich, und der mörderische Lebenskampf beginnt. Das Eukaryontenvolk probt die Selektion, den Ausbruch aus dem Mikrokosmos. Bildet immer komplexere Strukturen, deren Größe zwischen Blattläusen und Dinosauriern schwankt.

Was hat Lewis Thomas gesagt? Eine Zelle. Am ähnlichsten ist die Erde einer Zelle. Um Himmels willen! Mütterchen Erde ist ein Eukaryont.

KAIN UND ABEL

Lesen wir darum so gern Krimis? Und wenn Sie die Fernsehprogramme anschauen – nichts als Mord und Totschlag. Weil Mord und Totschlag unserer Natur entsprechen? Einer Natur, die gesetzlich verboten wird, und das ist pervers. Denn eigentlich wäre ein Raubmörder der Klassiker schlechthin, und ich teile neuerdings Leute überhaupt in Proks und Euks ein. Die Euks sind fast immer erfolgreicher. Die Welt der Politiker erscheint als – wiederum Lewis Thomas – »Gruppierung feindlicher Systeme, nur Stärke zählt, im Grunde treibt Aggression uns an, nur der Tüchtigste überlebt und erringt mehr und mehr Macht.« Eindeutig das biologische Eukaryontenprogramm.

Und dann kommt Jesus mit seiner Bergpredigt, war er ein Prokaryont? Die Eukaryonten mussten ihn kreuzigen, sie hatten gar keine Wahl. Schließlich bedrohte er ihre Erbmasse, ihr Genom. Die Apostel gründeten in seinem Namen eine prokaryontische Religion, die sehr rasch zum Eukaryonten mit einem vatikanischen Zellkern mutierte. Tableau!

Interessant ist in diesem Zusammenhang vielleicht das Geschlecht. Prokaryonten haben keines, die Kirche verbindet es mit der Sünde, und katholischen Priestern und Mönchen ist praktisch ihr Geschlecht untersagt.

Wie war das mit Abel und Kain? Doch eindeutig ein Konkurrenzkampf. Als Abel mit seinem Lammopfer mehr Erfolg vor Gott hat als Kain, schlägt Kain ihn tot. Danach erkennt er sein Weib und begründet eine eukaryontische Sippschaft, sie reicht bis in unsere Zeit.

Übertreibe ich mit den Vergleichen? Vielleicht ja, vielleicht nein. Immer mehr glaube ich, in den Mythen der Völker die Mythen der Erde selbst zu erkennen. Denken Sie an das Apfelmännchen! Gottfried von Einem hat seine letzte Symphonie, nach Benoît Mandelbrot, *Fraktale* genannt. Der visionäre Mathematiker hat die gebrochene Geometrie der Natur entdeckt und Euklid klar widerlegt.»Wolken sind nicht kugelförmig, Berge sind nicht kegelförmig, Küstenlinien sind keine Kreise, Rinden sind nicht glatt, und auch der Blitz folgt keiner geraden Linie.« Die Erde ist überall zerklüftet, verwinkelt, gebrochen. Das berühmteste und erste Fraktal ist Mandelbrots Apfelmännchen. Egal, welche Linie des Apfelmännchens Sie vergrößern und vergrößern, sie wird jedes Mal nur neu gebrochen und niemals ganz. Das trifft auch, zum Beispiel, auf Bäume, Börsenkurse und Küstenlinien zu. Sie sind selbstähnlich, das heißt, sie wiederholen sich im beliebig Kleinen immer wieder selbst. Im Blatt einer Linde erkennen Sie den ganzen Baum, und die komplette Küste Großbritanniens in jedem ihrer Teile. So scheinen auch wir Fraktale der Erde zu sein, die ihren großen Mythos in den kleinen Mythen der Völker wiederholt.

HABEN WIR EINEN KERN?

Mehr oder weniger, kommt mir vor. Es gibt Menschen, die haben so gut wie gar keinen. Das müssen nicht unbedingt die Heiligen sein. In ihrer Heiligkeit sind sie durchaus auffällig. Menschen ohne Kern bemerkt man kaum.

Kleine Kinder haben noch keinen Kern. Und Tote, die aus ihrer Historie gestiegen sind wie Rauch aus dem Schornstein, haben ihn nicht mehr. Der Tod ist eine Chance, die nicht alle ergreifen. Es gibt Tote, die sich weigern, ihren Kern aufzugeben. Religionen siedeln sie in den ungünstigeren jenseitigen Landschaften an. Nicht ihrer Sünden wegen, weil es in Wahrheit keine Sünden gibt. Sündigt die Erde, sündigt die Natur?

Der Kern in der menschlichen Zelle, der uns zu Eukaryonten macht, ist das *Ego*. Es ist weder gut noch böse. Kein Gott hat Moses aus dem brennenden Dornbusch die zehn Gebote souffliert.

Die Gesetze, nach denen eine biologische Gemeinschaft sich organisiert, sind natürlich. Menschliche Zellen schließen sich zu immer größeren Körpern zusammen, und Moral ist das Pseudonym für ihre Funktionsfähigkeit. Sie können die Menschheit selbst als einen sich in Jahrmilliarden entwickelnden Organismus betrachten. Er besteht aus

Lebenden *und* Toten, wie auch wir aus lebendigen und toten Zellen bestehen. Das ist nur erschreckend, wenn wir Leben und Tod subjektiv definieren und werten.

Leben und Tod sind zwei Zustände der Existenz wie Wasser und Eisen. Ausgerechnet einem Kriminalroman (Linus Reichlin, »Die Sehnsucht der Atome«) verdanke ich die Geschichte vom Wasserengel und Eisenengel, den zwei Kräften im Universum. Sie geht auf den Maya-Mythos von den göttlichen Zwillingen zurück:

»Der eine Engel besteht aus Wasser und der andere aus Eisen. Sie ringen miteinander, aber es ist kein Kampf. Sie ringen miteinander, weil sie lebende Dinge hervorbringen wollen. Aber das geht nur, wenn beide Engel gleich stark sind. Der Engel aus Wasser will Unordnung, immer mehr Unordnung. Der Engel aus Eisen will Ordnung, er will, dass sich nichts mehr bewegt. Keiner der beiden darf stärker sein als der andere, denn alle lebenden Dinge entspringen aus ihrer Mitte. Sie können weder in der Ordnung noch in der Unordnung leben, sondern nur in der Mitte von beidem.«

Kurze Krimi-Pause, an wen erinnert Sie das? Richtig, Parmenides und Heraklit. Sein und Werden, Eisen und Wasser. Alles und nichts fließt. Was Eisen und Wasser, Parmenides und Heraklit unterscheidet, ist die Zeit.

»Der Engel aus Wasser wird in der Physik als Entropie bezeichnet. Entropie strebt die größtmögliche Unordnung an. Sie möchte, dass sich alle Atome des Weltraums gleichmäßig im ganzen Universum verteilen. Aber dann könnten sich keine Strukturen bilden, keine Sonnen, keine Planeten, keine Menschen ... Die andere Kraft, die der Entropie, dem Engel aus Wasser, entgegenwirkt, nennt man starke Kernkraft ... der Engel aus Eisen ... Die starke Kernkraft will genau das Gegenteil der Entropie. Sie will, dass aus dem einfachsten Atom, dem Wasserstoff, schwerere und komplexere Atome entstehen, und sie will, dass diese Atome sich nicht im Universum verteilen, sondern an einem bestimmten Ort versammeln. Sie strebt die größtmögliche Ordnung an.

Die starke Kernkraft will alles in Eisen, starre Ordnung verwandeln, die Entropie möchte strukturlose Unordnung, das Chaos. Das Leben ist ein Kompromiß zwischen chaotischer Unordnung und erstickender Ordnung ... Der Wasserengel und der Eisenengel müssen tanzen.«

Die Erde ist ein Tanz und die Menschheit nicht nur mehr, sondern etwas anderes als die Individuen, aus denen sie besteht. Etwas anderes als ihre Teile in Raum und Zeit, wie auch Ewigkeit etwas anderes ist als endlos addierte Zeit. Der exotische Riesenorganismus, dem wir angehören, ist selbst nur eine winzige Zelle im Organismus der Erde, die wiederum – was hat Lewis Thomas gesagt? – einer einzelnen Zelle am ähnlichsten ist.

Die Erde ist eine kosmische Zelle, und wer oder was der Kosmos ist, können wir bestenfalls ahnen. Hat die kosmische Zelle einen Kern, hat die Erde ein Ego? Ja, ohne Zweifel. Und nein?

Ein Kern, kein Kern. Ein Ego, kein Ego. Quantenlogik, haben wir es genannt, und Aristoteles spuckt uns dafür aus dem Grab an. Aber alles, was wir kennen, ist mehr oder weniger auch das Gegenteil von sich selbst. Yin und Yang, wie gescheit waren schon die Chinesen!

Alle Mythen und Märchen haben die gegensätzliche, die Doppelnatur der Erde erkannt. Von vorn eine wunderschöne Frau, und ein hässliches Gerippe von hinten. Jung und alt, gütig und dämonisch. Die Erde tritt als Mutter auf und als Hexe, weil sie beides *ist*. Oder vielleicht ein Drittes, das beide einschließt, und da können wir wieder nur raten.

Hat sie jetzt eine Seele oder nicht? Haben wir eine Seele, oder haben wir keine? Und wenn sie eine hat und wenn wir eine haben, ist es nur eine oder sind es zwei, die einander entgegengesetzt sind? Haben wir diese zwei Seelen der Erde Gott und Teufel genannt?

Vielleicht kommen wir eines Tages von der Zwei los, der unglücklichsten aller Zahlen. Am Beginn des Rechnens stand die Drei, und die hat ganz andere Möglichkeiten. Eine schöne, fantasievolle und sehr potente Zahl. Außerdem gibt es verschiedene Arten und Rassen von Zahlen. Positive, negative, reale, imaginäre, unendliche und überunendliche, aber die haben schon den armen Mathematiker Cantor in den Wahnsinn getrieben.

Und wenn es ebenso viele verschiedene Zustände der Erde gibt? Man kann dann nicht sagen, dass sie einen Leib hätte und eine Seele. Nur, dass sie in jedem Zustand anders und vielleicht sogar eine andere ist. Eine Reihe von Zuständen nennen wir Leib, und eine andere Seele. Sie scheinen aneinanderzugrenzen.

DAS FEUER DES HERAKLIT

A lles fließt, nichts besteht, noch bleibt es je dasselbe.«
Der Mensch ist für Heraklit Teil eines unendlichen
Prozesses, in dem das Sein nicht mehr ist als das Nichtsein,
beide dasselbe sind, und nur die Bewegung bleibt. Was Parmenides und Heraklit unterscheidet, ich wiederhole es, ist
die Zeit.

Die materielle Entsprechung der Zeit ist das Feuer. »Diese
Welt haben weder Götter noch Menschen erschaffen, sondern sie war immer und ist und wird sein ewig lebendes
Feuer, das periodisch aufflammt und erlischt.«

Wie die Flamme des Feuers, entsteht alles aus dem Tod.
»Sterbliche sind Unsterbliche und Unsterbliche sind Sterbliche, indem der eine den Tod des anderen lebt und des anderen Leben stirbt.« Die Welt ist eine aus Gegensätzen bestehende Einheit. »Gutes und Böses sind eins.«

Sterbend, geht alles wieder in der Einheit des Urfeuers auf.
»Alle Dinge entstehen aus dem Einen, und aus allen Dingen entsteht das Eine.«

Dieses Eine beherrscht auch die Lehre des Parmenides,
doch sucht er es nicht in der Zeit. Wenn Heraklit behauptet, dass alles sich wandelt, erklärt Parmenides, es verändert sich nichts.

Eine aus Gegensätzen bestehende Einheit sind auch die beiden Philosophen. Möchten Sie mehr über Parmenides wissen? Mich hat vor Jahren ein Buch über ihn einfach glücklich gemacht. Es heißt »Die Traumfahrt des Parmenides«, die mystischen Wurzeln der westlichen Zivilisation. Der britische Historiker Peter Kingsley hat es geschrieben.

Ich lebe allein mit drei Katzen und mehreren Toten. In der Nacht vom 7. zum 8. Dezember bekam ich Besuch. Aber von keiner Katze, keinem Toten. Der oder die Unsichtbare erklärte, mein Parallel-Ich zu sein, eine meiner anderen Möglichkeiten. »Bist du ein eigenständiges Wesen?« – »So wenig wie du.« – »Wer sind wir also?« – »Funken aus einem Feuer, das Schöpfung genannt wird, Evolution, und doch etwas ganz anderes ist.« – »Du weißt, was?« – »Das Feuer des Heraklit, lies es nach! Das Feuer des Auf- und Untergangs.« Zuletzt nannte sie ihren Namen: Isis.

Das hatte ich – wie alles, was ich in veränderten Bewusstseinszuständen erfahre – sofort notiert und gleich darauf völlig vergessen. Nur die Funken aus dem Feuer des Heraklit spukten in meinem Kopf herum, und ich suchte sie in seinen »Fragmenten«, in Bertrand Russells »Philosophie des Abendlandes« und etlichen Lexika. Vergeblich. Bis es mir heute früh beim Aufwachen wieder einfiel.

In den »Fragmenten« las ich zu meiner Freude wieder vom »ätherischen Feuer im menschlichen Körper«, dass »Feuer vernunftbegabt« ist, und noch etwas Schönes: »Die Schlafenden sind Tätige und Mitwirkende beim Geschehen der Welt.« Ich glaube das auch von den Toten.

POSTSCRIPTUM

Der Brief von der Erde – erinnern Sie sich? – hatte einen fingierten Absender: Hermann Keyserling. Es ließ mir keine Ruhe, war vielleicht doch eine Botschaft im Namen verborgen? Durch eine Freundin Arnold Keyserlings geriet ich an die Reisetagebücher. Sie könnten so etwas wie ein Postscriptum enthalten, die Entscheidung überlasse ich Ihnen:

»Was wäre der Mensch ohne Sonne? Je weiter ich in der Erkenntnis komme, umso mehr bekenne ich mich zum Sonnenkult. – Mehr und mehr nimmt der Geist des Polytheismus von meiner offenen Seele Besitz ... Die meisten großen Dichter haben sich gleich Goethe zur Vielgötterei bekannt ... Wo *ein* Ideal über der ganzen Schöpfung schwebt, wird das geleugnet, ignoriert oder bekämpft, was zu ihm in keiner denkbaren positiven Beziehung steht, und da dessen nur zu viel ist, wird die Natur in ihrem unbefangenen Wachstum gehemmt. Das Weltall wird gefestigt, moralisiert; überall unter Monotheisten sind die Charaktere stärker, die Grundsätze fester, die Lebensformen reiner. Aber dafür sind ihre Seelen farbloser, starrer, meist auch dürrer ... Wenn der Mystiker von Einheit spricht, so meint er das, was weder Einheit noch Vielheit und gleichzeitig beides ist.«

Gibt es heute noch eine Alternative zum Monotheismus der Weltreligionen? Zur Kristallisation Gottes, der keiner Wandlung mehr fähig ist. Hermann Keyserling ist befremdet, wie bitter ernst Religionen, Philosophien, Nationen und Berufstypen sich nehmen, in denen er nur Gebilde der schweifenden Fantasie erblickt. Ihm wäre es lieber, »gelegentlich, wie es sich gerade ergibt, bald als Keyserling, bald als Tier oder Gott, und bald als Weltall in Erscheinung zu treten.«

Und der abstrakte alleinige Gott, der in den heiligen Schriften allerdings schauerlich konkret werden kann, freut ihn seine Unveränderlichkeit? Ist er gern in alle Ewigkeit mit sich selber identisch? Oder wäre er vielleicht lieber ein Olymp?

Wir dürfen Gott nicht in unserem Glauben erstarren lassen. Es ist eine Schande, ihn mit Dogmen zu fesseln. Geben wir Gott endlich seine Freiheit zurück!

»Ich verkündige die Wiederkehr der alten Göttinnen und Götter. Die Kirche schnitt – wie einer Jungfrau Haar, der Sonne Strahlen – Göttinnen und Götter ab von Gott, bis kahl er wurde. Nackte Theorie, ein trauriges Abstraktum, das zu lieben herzlich schwer fällt. Ich seh den Bruch, der Zeiten trennt wie Kontinente. Die alte Welt geht unter wie der Mond im Morgengrauen, und Jesus steigt, ein Gott der Liebe und des Todes, am Himmel auf. Und er ist nicht der Gott des Vatikans! Er lehrte die Unsterblichkeit der Seele. Die Kirche ließ uns vergessen, dass wir eine haben. Nein, nicht haben! Dass wir Seelen sind, die in den Leibern nur erscheinen wie in den Göttern Gott.«

Das war ein Zitat aus einem meiner Theaterstücke, »Die eiserne Wolke oder Martina Luther«.

Ich möchte die Sonne anbeten und die Erde. Den germanischen Odin, den griechischen Hermes, den ägyptischen Osiris. Meine keltischen Lieblingsgötter Belenus und Morrigu. Belenus ist ein Licht- und Wassergott, der im Christentum zum Erzengel Michael wurde. Auch Götter haben ihre Biografien, und wir müssen zulassen, dass sie sich verändern. Morrigan, auch Morrigu, ist die vogelgestaltige Königin der Spukgeister, die Räbin, die Krähengöttin der Unterwelt, unsere Dame der Nacht. Sie verschlingt Leben und gebiert es in einer anderen Welt: die Tödin!

DIE ALCHIMIE DES TODES

Es ist Hermes, der als Psychopompos die Seelen vom Diesseits ins Jenseits geleitet. Die Römer nannten ihn Merkur, und in der hermetischen Alchimie verbindet er das Sichtbare mit dem Unsichtbaren, oben und unten, Materie und Geist.

»Trenne die Erde vom Feuer«, sagt Hermes Trismegistos, der Vater der Alchimie, »das Feine vom Groben, sanft und voll Sorgfalt. Von der Erde steigt es zum Himmel empor und steigt wieder herab in die Erde, um die Kraft des Oberen und des Unteren zu empfangen.«

Schon Heraklit erkannte das Feuer als Ursache aller Dinge und die Zeugung als aufsteigenden, die Verwesung als absteigenden Weg. Als Volatilisation, Verflüchtigung, und Fixation, Verfestigung. Die Erde ist der sichtbare feste und das Feuer der verborgene, subtile Zustand der Materie. Der Aufstieg führt zum Abstieg, der Abstieg zum Aufstieg. Im Opus Magnum, dem Großen Werk, wird das Sichtbare unsichtbar und das Unsichtbare sichtbar. Das wahre Gold des Alchimisten ist die Verwandlung des Menschen durch ihn selbst.

Dass Feuer nicht zerstört, sondern verwandelt, wusste auch Paracelsus. Er nannte es Gottes Handwerksmann. Der Leib des Menschen ist, wie der Leib der Erde, ein alchimistischer Ofen, in dem das Große Werk vollendet wird: Materie durch das Feuer in Geist zu verwandeln. Alles entspringt dem Mysterium Magnum und ist ewig im Geist. »Denn es ist wider die Philosophey, dass die Blümeln sollten ohne Ewigkeit sein.«

Eine Ewigkeit, die es ohne Sterblichkeit nicht gäbe; nur durch Zerstörung, Fäulnis und Zerfall. Verwesung verzehrt die alten Dinge und macht sie wieder jung. Aus der Verwesung wird die neue Frucht geboren. Es ist der Tod, der die Natur belebt.

Die Materia Prima steigt zu ihrer Schwärzung in den Bauch der Erde. Im Nigredo, der finstersten Finsternis, lösen sich die Gegensätze auf. In der Weißung, dem Albedo, erhebt sie sich verfeinert und erhellt und wird zuletzt vollkommen in der Rötung, dem Rubedo, im geheimen Feuer. Schwarzer Rabe, weiße Taube, roter Löwe – drei Stadien auch des Menschen von der »Nacht der Seele« in den hellen Morgen und zuletzt ins Himmelslicht.

In sieben Stufen der Wandlung erreicht die Prima Materia wie auch der Alchimist die nächste Sprosse auf der Lebensleiter, eine Ebene, die anders ist und höher als zuvor. »Wer diese sieben Staffeln und Stiegen ersteigt«, sagt Paracelsus, »der kommt an einen wunderbarlichen Ort, an dem er so viele Geheimnisse sieht und erfährt von der Transmutation der natürlichen Dinge.«

Sterbend, kehren alle Wesen zurück in die Erde, ihrer Mutter Leib, aus dem sie neu geboren werden. Paracelsus spricht vom *Archäus*, dem himmlischen Feuer, durch den das Chaos zum Kosmos, der Kosmos zum Chaos und das

Chaos wiederum zum Kosmos wird. Das Ziel des Sterbens ist die Auferstehung. Keine Zeugung ohne Verwesung, kein Leben ohne Tod! Drum treibt, wer seinen Tod verhüten will, sein Leben ab.

HAT DIE ERDE EINE SEELE,
HAT DIE ERDE EINEN LEIB?

Räume sind Zustände, Orte sind Codes.« Das hat Gottfried von Einem ein Jahr nach seinem Tod gesagt, und
verstanden hab ich es nicht. Bis gestern. Jetzt auf einmal
fällt der Groschen, und ich frage: Hat die Erde eine Seele,
hat sie einen Leib?

Es ist wie damals, als mir Mauthe posthum sagte: »Zeit ist
informiertes Licht.« Da hab ich lang gebraucht, bis ich entdeckte, Information ist negativ. Runter auf der Stufenleiter
und bergab im Sein. Unsterbliche Photonen, fügt man ihnen Information zu, werden zeitlich, werden sterblich. Ist
die Erde, mit uns allen drauf und drinnen, ist die informier-
te Erde nur *gefallenes Licht*?

Oder gar ein Code? Und löst die Bilder, die wir uns von ihr
machen, in uns aus. Ein mathematischer Code, den wir in
die Sprachen von Materie, Energie und Leben übertragen.
Doch wir übertragen falsch, wir suchen immer noch den
Schlüssel. Wer ihn findet, ist erleuchtet, ist erwacht, und
es gibt ihn nicht mehr.

Oder, weil sie Raum ist und wie alle Räume so gut wie leer,
ein Zustand? Nein, nicht einer. Eine ganze Reihe, deren höhere wir Seele nennen und die höchsten Geist und göttlich.
Ist es so? Etwas spricht in mir, ich bin es nicht. Etwas denkt

196

in mir, ich bin es nicht. Neckt und narrt mich, bis ich nichts mehr weiß. Mein Mann Gottfried sagt seit seinem Tod, und er sagt es immer wieder: »Es gibt mich, und es gibt mich nicht.« Ob das auch für die Erde gilt?

Die sichtbare und unsichtbare Erde. Den sichtbaren und unsichtbaren Kosmos. Einen Kosmos, den Pythagoras schon für lebendig hielt.

Werden wir die Wahrheit je ergründen? Gibt es sie, als einzige, überhaupt? Ist sie vielleicht eine hohe Stiege, auf die wir wie Pilger steigen. Von Stufe zu Stufe, von Wahrheit zu Wahrheit, von Welt zu Welt. Und womöglich gibt es keine letzte Stufe ...

DIE SIEBENTE THESE

Jeder Mensch ist ein Imperium aus Milliarden Zellen, jede Zelle ein Imperium aus Millionen Molekülen, jedes Molekül eine Gesellschaft aus Atomen, jedes Atom eine Familie aus Elementarteilchen, jedes Elementarteilchen ein Kosmos aus ... Universen?

Der Mensch ist nicht allein. In seinen Zellen treiben wie in einem Hexenkessel kuriose Kreaturen ihr Wesen. Er kennt sie nicht. Doch lebt er, denkt und fühlt durch sie, in denen wie in einem Hexenkessel kuriose Kreaturen ihr Wesen treiben, in denen wie in einem Hexenkessel kuriose Kreaturen ... Geht das so weiter? Ja. Seltsame Objekte, Organellen, eine Vielfalt wunderlicher Moleküle verrichten hektisch ihre Arbeit. Sie greifen an, verteidigen, beschädigen und reparieren, senden und empfangen Nachrichten, versorgen uns mit Energie und entsorgen, was wir nicht mehr brauchen. Ein Ballett des Lebens und ein Totentanz. Aber wir sind nicht die Tänzer!

Totentanz, Ballett des Lebens wie im Menschen, so auch auf der Erde. Auf und in ihr walten kuriose Kreaturen ihres Amtes: Zellen, Pflanzen, Tiere, Menschen, Pilze, Mikroorganismen. Und, obwohl wir sie verleugnen, Geister aller Art.

Auch die Erde selbst ist eine Zelle. Ist, wie alle anderen

Sterne und Planeten, eine von Milliarden Zellen unserer Galaxis, die, wie Milliarden anderer Galaxien, wohl die Zelle eines Unbekannten, das wir Kosmos nennen, ist. Dieser Kosmos ist trotz Himmelsfeuer, Blitz und Sterngeglitzer fast zur Gänze unsichtbar und dunkel, ein Phantom.

Ins immer Größere kann es, wie ins immer Kleinere, ohne Ende weitergehen. Mikrokosmos, Makrokosmos, grenzenlos. Oder berühren beide sich in immer neuen Kreisen? Ist Gott, wenn es ihn gibt, unendlich groß? Unendlich klein? Oder jenseits aller Maßen?

Der Mensch ist im Leib der Erde, die Erde im Leib der Milchstraße, die Milchstraße im kosmischen Leib, und der kosmische Leib? Ist er vielleicht selbst nur eine Zelle, ein Molekül, ein Atom, ein Teilchen oder Quant?

Wir leben und sterben in einem Geheimnis.

Bücher von Lotte Ingrisch

nymphenburger www.nymphenburger-verlag.de